PARLIAMO COREANO CON TRACCE AUDIO

Impara oltre 1.400 Espressioni Coreane da 21 Argomenti Velocemente e Facilmente

ISBN 979-11-88195-58-9

FANDOM MEDIA

**PARLIAMO COREANO
CON TRACCE AUDIO**

Impara oltre 1.400 Espressioni Coreane
da 21 Argomenti Velocemente e Facilmente

Indice

CAPITOLO 1 **SALUTI** 4

CAPITOLO 2 **PRESENTARSI** 9

CAPITOLO 3 **A SCUOLA** 15

CAPITOLO 4 **ACQUISTI** 22

CAPITOLO 5 **RISTORANTE** 30

CAPITOLO 6 **ALL'AEROPORTO** 34

CAPITOLO 7 **SULL'AEREO** 41

CAPITOLO 8 **VISTO E IMMIGRAZIONE** 47

CAPITOLO 9 **TAXI** 52

CAPITOLO 10 **METROPOLITANA/METRO** 58

CAPITOLO 11 **IN HOTEL** 64

CAPITOLO 12 **INDICAZIONI** 72

CAPITOLO 13 **SALUTE / ALL'OSPEDALE / FARMACIA** 77

CAPITOLO 14 **ATTRAZIONE TURISTICA** 87

CAPITOLO 15 **METEO** 92

CAPITOLO 16 **EMOZIONI** 97

CAPITOLO 17 **AL LAVORO** 103

CAPITOLO 18 **STAZIONE DI POLIZIA** 109

CAPITOLO 19 **AMICIZIA** 113

CAPITOLO 20 **INCONTRI / AMORE** 117

CAPITOLO 21 **FAMIGLIA** 122

Per i file audio, visita

newampersand.com/SPEAKKOREAN

Per i file audio, visita

newampersand.com/SPEAKKOREAN

Ascolta, ripeti e impara!

Ogni capitolo comprende una traccia audio separata con la quale potrai studiare! Ripeteremo le frasi per un totale di quattro volte - due volte lentamente e a velocità normale, così potrai imparare separatamente com'è ogni sezione e poi nel complesso. Leggi mentre parli così imparerai tantissime espressioni coreane in pochissimo tempo!

CAPITOLO 1. SALUTI

은 nŭn / 는 nŭn / 이 i / 가 ga / 을 ŭl / 를 rŭl = **Postposizione** / Avverbio

01 안녕하세요?
an-nyŏng ha-se-yo?

Salve

02 만나서 반갑습니다.
man-na-sŏ ban-gap-sŭp-ni-da.

È un piacere conoscerla.

03 저도 반갑습니다
jŏ-do ban-gap-sŭp-ni-da.

Anche per me è un piacere conoscerla.

04 처음 뵙겠습니다.
chŏ-ŭm boep-get-sŭp-ni-da.

È la prima volta che ci vediamo = Come sta?

05 우리 초면이죠?
u-ri cho-myŏn i-jyo?

**È la prima volta che ci vediamo, vero?
= Non ci siamo mai incontrati prima, vero?**

06 어디서 뵌 것 같아요.
ŏ-di-sŏ boen gŏt gat-a-yo.

**Penso di averla visto da qualche parte
= Ha un aspetto familiare.**

07 만나뵙고 싶었습니다.
man-na-boep-go ship-ŏt-sŭp-ni-da.

Volevo conoscerla.

08 오래전부터 만나뵙고 싶었습니다.
o-rae-jŏn-bu-tŏ man-na-boep-go ship-ŏt-sŭp-ni-da.

È da molto tempo che volevo conoscerla.

09 잘 부탁드립니다.
jal bu-tak-dŭ-rip-ni-da.

Non vedo l'ora di lavorare con lei.

10 좋은 말씀 많이 들었습니다.
jo-ŭn mal-ssŭm man-i dŭl-ŏt-sŭp-ni-da.

Ho sentito molte belle cose (su di lei).

11 실물이 더 멋지네요!
shil-mul i dŏ mŏt-ji-ne-yo!
*~ 네요 viene utilizzato per mostrare lo stupore.

È più figo di persona!
= Sembra più bello di persona

12 과찬입니다.
gwa-chan ip-ni-da.

È un complimento esagerato.
= Sono lusingato.

13 만나서 영광입니다.
man-na-sŏ yŏng-gwang ip-ni-da.

È un onore conoscerla.

14 저야말로요.
jŏ ya-mal-lo-yo.

Sono io (che sono onorato di conoscerla).
= Il piacere è tutto mio.

15 드디어 만났군요!
dŭ-di-ŏ man-nat-gun-nyo!

Finalmente ci siamo incontrati!

16 연락 주셔서 감사합니다.
yŏl-lak ju-shŏ-sŏ gam-sa-hap-ni-da.

Grazie per avermi contattato.

17 혹시 김철수씨 아니세요?
hok-shi kim-chŏl-su-ssi a-ni-se-yo?
*ssi = "Signor/Signorina" viene utilizzato dopo il nome.

Lei non è il signor Kim Cheol-su,
per caso?

18 이게 얼마만이죠?
i-ge ŏl-ma-man-i-jyo?

Quanto tempo è passato?
= Quanto tempo è passato?

19 이게 도대체 누구예요?
i-ge do-de-che nu-gu-ye-yo?

Chi sarà mai?

20 저 기억하세요?
jŏ gi-ŏk-ha-se-yo?

Si ricorda di me?

21 많이 변했죠?
man-i byŏn-haet-jyo?

Sono cambiato molto, vero?

22 전혀요! 예전 그대로네요!
jŏn-hyŏ-yo! ye-jŏn gŭ-dae-ro-ne-yo!

Per niente! È sempre lo stesso di prima!

23 말도안돼요!
mal do an-doe-yo!

Non ha alcun senso!

24 정말 많이 변했네요!
jŏng-mal man-i byŏn-haet-ne-yo!

È davvero cambiato tantissimo!

25 알아보지 못했죠?
al-a-bo-ji mot-haet-jyo?

Non mi ha riconosciuto, vero?

26 더 예뻐졌어요.
dŏ ye-bbŏ-jyŏ-ssŏ-yo.

È diventata più bella.

27 더 멋있어졌어요.
dŏ mŏ-shi-ssŏ-jyŏ-ssŏ-yo.

È diventata favolosa.

28 요즘 다이어트 하고 있어요.
yo-zŭm da-i-ŏ-tŭ ha-go-i-sso-yo.

Ultimamente mi sono messa a dieta.

29 그동안 어떻게 지냈어요?
gŭ-dong-an ŏ-ttŏ-ke ji-nae-ssŏ-yo?

Come sta (finora)?

30 잘 지냈어요.
jal ji-nae-ssŏ-yo.

Bene.

31 많이 보고 싶었어요.
man-i bo-go ship-ŏ-ssŏ-yo.

Avevo tanta voglia di vederla.
= Mi è mancato molto.

32 당신 생각 많이 했어요.
dang-shin saeng-gak man-i hae-ssŏ-yo.

L'ho pensata tantissimo.

33 정말 오랜만이에요.
jŏng-mal o-raen-man-i-e-yo.

È passato davvero tanto tempo!

34 앞으로 더 자주 봐요.
ap-ŭ-ro dŏ ja-ju bwa-yo.

Dovremmo vederci più spesso d'ora in poi.

35 좋은 아침!
jo-ŭn a-chim!

Buongiorno!

36 안녕히 주무셨어요?
an-nyŏng-hi ju-mu-shŏ-ssŏ-yo?

Ha riposato sereno? = Ha dormito bene?

37 잘 잤어요. 미나씨는요?
jal ja-ssŏ-yo.　mi-na-ssi-nŭn-yo?

Ho dormito bene. E lei, Mina?

38 저도 잘 잤어요.
jŏ-do　jal　ja-ssŏ-yo.

Anch'io ho dormito bene.

39 식사 하셨어요?
shik-sa ha-shŏ-ssŏ-yo?

Hai mangiato?

40 아니요. 아침/점심/저녁 먹었어요?
a-ni-yo.　a-chim/jŏm-shim/jŏ-nyŏk mŏg-ŏ-ssŏ-yo?

No. Hai fatto colazione/pranzo/cena?

41 저는 방금 먹었어요.
jŏ nŭn bang-gŭm mŏg-ŏ-ssŏ-yo.

Ho mangiato poco fa.

42 부모님도 건강하시죠?
bu-mo-nim do gŏn-gang ha-shi-jyo?

Anche i suoi genitori stanno bene?

43 덕분에요.
dŏk-bun-e-yo.

Grazie a lei.

44 건강은 어때요?
gŏn-gang ŭn ŏ-tte-yo?

Come va con la salute? = Come si sente?

45 너무 피곤해요.
nŏ-mu pi-gon-hae-yo.

Sono troppo stanco.

46 많이 바쁘세요?
man-i ba-bbŭ-se-yo?

È molto impegnato?

47 숙제가/업무가 많아요.
suk-je ga / ŏp-mu ga man-a-yo.

**Devo svolgere un sacco di compiti/lavori.
= Sono sommerso dai compiti/lavori.**

48 무리하지 마세요.
mu-ri-ha-ji ma-se-yo.

Non lavori troppo.

49 건강이 최고예요.
gŏn-gang i choe-go-ye-yo.

La salute è la cosa più importante.
= La salute viene prima di tutto.

50 맞아요. 그럴게요.
ma-ja-yo.   gŭ-rŏl-gge-yo.

Ha ragione. Lo farò.

51 안녕히 계세요.
an-nyŏng-hi gye-se-yo.

Stia sereno.
= Abbia cura di se stesso. / Arrivederci. / Ci vediamo.

52 안녕히 가세요.
an-nyŏng-hi ga-se-yo.

Vada in pace. Abbia cura di se stesso.
/ Arrivederci. / Ci vediamo.

53 다음에 또 만나요.
da-ŭm-e   tto   man-na-yo.

Ci vediamo la prossima volta.

54 문자 할게요.
mun-ja hal-gge-yo.

Le manderò un messaggio.

55 오늘 즐거웠습니다.
o-nŭl   jŭl-gŏ-wŏt-sŭp-ni-da.

Oggi mi sono divertito.

56 그때까지 잘 지내세요.
gŭ-ttae gga-ji jal ji-nae-se-yo.

Mi stia bene. = Mi stia bene.

57 건강히 지내세요!
gŏn-gang-hi ji-nae-se-yo!

Si tenga in salute!

58 연락합시다!
yŏl-lak hap-shi-da!

Teniamoci in contatto!

CAPITOLO 2.PRESENTARSI

01 제 이름은 김철수입니다.
je i-rŭm ŭn kim-chŏl-su ip-ni-da.

Mi chiamo Kim Cheol-soo.

02 성함이 어떻게 되세요?
sŏng-ham i ŏ-ttŏ-ke doe-se-yo?

Qual è il suo nome?

03 저는 미나라고 합니다.
jŏ nŭn mi-na ra-go hap-ni-da.

Mi chiamo Mina = Il mio nome è Mina.

04 제 명함입니다.
je myŏng-ham ip-ni-da.

(Questo) è il mio biglietto da visita.

05 저는 명함이 없어요.
jŏ nŭn myŏng-ham i ŏp-ssŏ-yo.

Non ho un biglietto da visita.

06 괜찮아요.
gwen-chan-a-yo.

Va bene.

07 대신, 제 전화번호를 드릴게요.
dae-shin, je jŏn-hwa-bŏn-ho rŭl dŭ-ril-gge-yo.

Al suo posto le darò il mio numero di telefono.

08 여기 있습니다.
yŏ-gi it-ssŭp-ni-da.

Eccolo qui.

09 감사합니다.
gam-sa-hap-ni-da.

Grazie. = La ringrazio. = Grazie.

10 제 번호 아세요?
je bŏn-ho a-se-yo?

Conosce il mio numero?

11 아니요, 몰라요. / 네, 알아요.
a-ni-yo, mol-la-yo. / ne, al-a-yo.

No, non lo conosco. / Sì, lo conosco.

12 이게 제 번호예요.
i-ge je bŏn-ho ye-yo.

Questo è il mio numero.

13 저장 할게요. / 저장 했어요.
jŏ-jang hal-gge-yo. / jŏ-jang hae-ssŏ-yo.

Lo salverò. / L'ho salvato.

14 이 번호가 맞나요?
i bŏn-ho ga mat-na-yo?

Questo è il numero corretto?

15 네, 맞아요. / 아니요, 틀렸어요.
ne, ma-ja-yo. / a-ni-yo, tŭl-lyŏ-ssŏ-yo.

Sì, è corretto. / No, non è corretto.

16 다시 한번 말해주세요.
da-shi han-bŏn mal-hae-ju-se-yo.

Potrebbe ripetermelo un'altra volta,
per favore?

17 직업이 뭐예요?
jig-ŏb i mwŏ-ye-yo?

Qual è la sua occupazione?

18 무엇을 하시나요?
mu-ŏ sŭl ha-shi-na-yo?

Che cosa fa?

19 어떤 일을 하세요?
ŏ-ttŏn il ŭl ha-se-yo?

Che tipo di lavoro svolge?

20 회사원 입니다.
hoe-sa-won ip-ni-da.

Sono un impiegato di un'azienda.
= Lavoro per un'azienda.

21 삼성에 다녀요.
sam-sŏng e da-nyŏ-yo.

Vado da Samsung. = Lavoro per Samsung.

22 아르바이트를 합니다.
a-rŭ-ba-i-tŭ rŭl hap-ni-da.

Lavoro part-time.

23 취직 준비 하고 있어요.
chwi-jik jun-bi ha-go i-ssŏ-yo.

Mi sto preparando per trovare un lavoro.
= Sto cercando un lavoro.

24 저는 학생입니다.
jŏ nŭn hak-saeng ip-ni-da.

Sono uno studente.

25 저도 학생이에요.
jŏ do hak-saeng i-e-yo.

Anch'io sono uno studente.

26 한국대학교에 다녀요.
han-guk dae-hak-gyo e da-nyŏ-yo.

Vado all'Università di Hanguk.

27 어느 학교에 다니세요?
ŏ-nŭ hak-gyo e da-ni-se-yo?

Che scuola frequenta?

28 저도 거기에서 공부해요.
jŏ do gŏ-gi-e-sŏ gong-bu-hae-yo.

Anch'io studio lì. = Anche io frequento la stessa scuola.

29 전공이 뭐예요?
jŏn-gong i mwŏ-ye-yo?

Qual è la sua specializzazione?

30 어학당에서 한국어를 배우고 있어요.
ŏ-hak-dang e-sŏ han-gug-ŏ rŭl bae-u-go i-ssŏ-yo.

Sto imparando il coreano (lingua) in una scuola di lingue.

31 저는 미국에서 왔어요.
jŏ nŭn mi-guk e-sŏ wa-ssŏ-yo.

Vengo dagli Stati Uniti d'America.
= Sono degli Stati Uniti d'America.

32 원래는 일본에서 태어났어요.
wol-lae nŭn il-bon e-sŏ tae-ŏ-na-ssŏ-yo.

Sono nato in Giappone.

33 여기가 제 고향이에요.
yŏ-gi ga je go-hyang i-e-yo.

Questa è la mia città natale.

34 이제는 여기가 더 편해요.
i-je nŭn yŏ-gi ga dŏ pyŏn-hae-yo.

Qui mi sento più a mio agio adesso.
= Mi sento più a mio agio qui adesso.

35 한국어가 더 편해요.
han-gug-ŏ ga dŏ pyŏn-hae-yo.

La lingua coreana è più facile. = Mi sento più a mio agio (a parlare) il coreano.

36 아직 영어가 더 편해요.
a-jik yŏng-ŏ ga dŏ pyŏn-hae-yo.

Mi sento ancora più a mio agio (a parlare) in inglese.

37 어디에서 오셨어요?
ŏ-di e-sŏ o-shŏ-ssŏ-yo?

Da dove vieni? = Da dove vieni?

38 어느 나라 사람이에요?
ŏ-nŭ na-ra sa-ram i-e-yo?

Da quale paese viene? = Di che nazionalità è? = Qual è la sua nazionalità?

39 고향이 어디에요?
go-hyang i ŏ-di-e-yo?

Qual è la sua città natale? = Da dove vieni?

40 부산에서 자랐어요.
busan e-sŏ ja-ra-ssŏ-yo.

Sono cresciuto a Busan.

41 한국어 잘 못해요.
han-gug-ŏ jal mot-hae-yo.

Non parlo bene il coreano.

42 한국어 열심히 공부하고 있어요.
han-gug-ŏ yŏl-shim-hi gong-bu ha-go i-ssŏ-yo.

Sto studiando molto il coreano.

43 교환학생인가요?
gyo-hwan-hak-saeng in-ga-yo?

Sei uno studente in scambio?

44 아니요, 유학생이에요.
a-ni-yo,   yu-hak-saeng i-e-yo.

No, sono uno studente internazionale.

45 한국에는 처음인가요?
han-gug e nŭn chŏ-ŭm in-ga-yo?

È la (sua) prima volta in Corea?

46 아니요, 한 번 여행 왔었어요.
a-ni-yo,   han bŏn yŏ-haeng wa-ssŏ-ssŏ-yo.

No, sono venuto in vacanza una volta.

47 그래요? 언제요?
gŭ-rae-yo? ŏn-je-yo?

Davvero? Quando?

48 삼년 전에 부모님과요.
sam nyŏn jŏn-e bu-mo-nim-gwa-yo.

Tre anni fa, con i (miei) genitori.

49 하지만 시간이 많이 없었어요.
ha-ji-man shi-gan i man-i ŏp-ssŏ-ssŏ-yo.
Ma non abbiamo avuto molto tempo.

50 좋은 시간 보냈어요?
jo-ŭn shi-gan bo-nae-ssŏ-yo?
Vi siete divertiti?

51 네. 쇼핑을 너무 많이 했어요.
ne. sho-ping ŭl nŏ-mu man-i hae-ssŏ-yo.
Sì. Abbiamo fatto troppo shopping.

52 부모님은 미국에 계세요.
bu-mo-nim ŭn mi-guk e gye-se-yo.
I miei genitori sono negli Stati Uniti.

53 형제가 셋 있어요.
hyŏng-je ga set i-ssŏ-yo.
Ho tre fratelli e sorelle.

54 제가 가장 어려요.
je ga ga-jang ŏ-ryŏ-yo.
Io sono il più giovane.

55 제가 가장 나이가 많아요.
je ga ga-jang na-i ga man-a-yo.
Ho più anni. = Sono il più anziano.

56 한국 드라마를 많이 봤어요.
han-gug dŭ-ra-ma rŭl man-i bwa-ssŏ-yo.
Ho guardato molti spettacoli televisivi coreani.

57 한국 친구들이 많이 있었어요.
han-gug chin-gu-dŭl i man-i i-ssŏ-ssŏ-yo.
Avevo molti amici coreani.

58 한국 사람 좋아해요.
han-gug sa-ram jo-a-hae-yo.
Mi piacciono i coreani.

59 한국 음식은 맛있어요.
han-gug ŭm-shig ŭn ma-shi-ssŏ-yo.
Il cibo coreano è gustoso/delizioso.

60 저는 스물 셋 입니다.
jŏ nŭn sŭ-mul set ip-ni-da.
Ho ventitré anni.

61 실례지만, 나이가 어떻게 되세요?
shil-lye-ji-man, na-i-ga ŏ-ttŏ-ke doe-se-yo?
Mi scusi, ma qual è la sua età?
= Posso chiederle quanti anni ha?

62 어디에 사세요?
ŏ-di e sa-se-yo?
Dove vive?

63 기숙사에 살아요.
gi-suk-sa e sal-a-yo.

Vivo in un dormitorio.

64 곧 이사 할거예요.
got i-sa hal-gŏ-ye-yo.

Mi trasferirò presto.

65 취미는 뭐예요?
chwi-mi nŭn mwŏ-ye-yo?

Qual è il suo hobby?

66 음악 듣는 것을 좋아해요.
ŭm-ak dŭt-nŭn gŏ sŭl jo-a-hae-yo.

Mi piace ascoltare la musica.

67 어떤 음악이요?
ŏ-ttŏn ŭm-ag i-yo?

Che tipo di musica?

68 뭐든지 상관 안해요.
mwŏ-dŭn-ji sang-gwan an-hae-yo.

Non mi interessa, uno qualsiasi.

69 당신은요?
dang-shin ŭn yo?

(E) lei?

70 영화 보는 것이 가장 좋아요.
yŏng-hwa bo-nŭn gŏ shi ga-jang jo-a-yo.

Mi piace guardare di più i film.

71 우리 언제 영화 보러 가요!
u-ri ŏn-je yŏng-hwa bo-rŏ ga-yo!

Dovremmo andare a vedere un film qualche volta!

CAPITOLO 3. A SCUOLA

01 여기 학생인가요?
yŏ-gi hak-saeng in-ga-yo?

Studia qui?

02 학생증을 보여주세요.
hak-saeng-tzŭng ŭl bo-yŏ-ju-se-yo.

Mi mostri la (sua) carta d'identità dello studente, per favore.

03 학생증을 아직 못 만들었어요.
hak-saeng-tzŭng ŭl a-jik mot man-dŭl-ŏ-ssŏ-yo.

Non ho ancora potuto ottenere la (mia) carta d'identità dello studente.

04 저는 신입생이에요.
jŏ nŭn shin-ip-saeng i-e-yo.

Sono un nuovo studente.

05 대학원생이에요.
dae-hag-won-saeng i-e-yo.

Sono un laureato.

06 학부생이에요.
hak-bu-saeng i-e-yo.

Sono un laureando.

07 교실이 어디죠?
gyo-shil i ŏ-di-jyo?

Dov'è l'aula?

08 수업이 몇시죠?
su-ŏb i myŏ-sshi-jyo?

A che ora è la lezione?

09 자리에 앉으세요.
ja-ri e an-zŭ-se-yo.

Prego, si sieda.

10 책을 꺼내세요.
chaeg ŭl ggŏ-nae-se-yo.

Prenda il suo libro, per favore.

11 12 페이지를 펴세요.
shib-i pe-i-ji rŭl pyŏ-se-yo.

Vada a pagina 12, per favore.

12 수업을 시작합시다.
su-ŏb ŭl shi-jak-hap-shi-da.

Iniziamo la lezione.

13 출석을 부르겠습니다.
chul-sŏg ŭl bu-rŭ-get-ssŭp-ni-da.

Farò l'appello.

14 지각입니다.
ji-gag ip-ni-da.

(Lui/Lei è) in ritardo.

15 결석입니다.
gyŏl-ssŏg ip-ni-da.

(Lui/lei è) assente.

16 지각해서 죄송합니다.
ji-gak-hae-sŏ joe-song-hap-ni-da.

Per favore, fate silenzio.

17 조용히 하세요.
jo-yong-hi ha-se-yo.

Per favore, fate silenzio.

18 질문있습니다.
jil-mun it-ssŭp-ni-da.

Ho una domanda.

19 잘 이해가 되지 않습니다.
jal i-hae ga doe-ji an-ssŭp-ni-da.

Non riesco a capire bene.

20 제가 맞게 이해하고 있나요?
je ga mat-ge i-hae-ha-go it-na-yo?

Ho capito bene?

21 잘 보이지 않아요.
jal bo-i-ji an-a-yo.

Non è ben visibile.

= Non riesco a vederlo bene.

22 조금 더 크게 말씀해주세요.
jo-gŭm dŏ kŭ-ge mal-ssŭm-hae-ju-se-yo.

Per cortesia parli un po' più forte.

= Potrebbe parlare più forte, per favore?

23 다시 한번 말씀해주세요.
da-shi han-bŏn mal-ssŭm-hae-ju-se-yo.

Per favore, lo ripeta un'altra volta.

24 잘 모르겠어요.
jal mo-rŭ-get-ssŏ-yo.

Non lo so con esattezza. / Non sono sicuro.

25 문제가 어렵네요.
mun-je ga ŏ-ryŏp-ne-yo.

È una domanda difficile.

26 배웠어요?
bae-wŏ-ssŏ-yo.

Ha imparato?

27 아직 배우지 못했어요.
a-jik bae-u-ji mot-haet-ssŏ-yo.

Non ho ancora imparato.

28 수업은 몇시에 끝나죠?
su-ŏb ŭn myŏ-sshi-e ggŭt-na-jyo?

A che ora finisce la lezione?

29 학교식당은 어디죠?
hak-gyo shik-dang ŭn ŏ-di-jyo?

Dov'è la mensa della scuola?

30 점심시간이 언제죠?
jŏm-shim shi-gan i ŏn-je-jyo?

Quand'è l'ora di pranzo?

31 점심 같이 먹을까요?
jŏm-shim ga-chi mŏ-gŭl-gga-yo?

Pranziamo insieme?

32 숙제 같이 할래요?
suk-je ga-chi hal-lae-yo?

Vuole fare i compiti insieme?

33 도와주세요.
do-wa-ju-se-yo.

Per favore, mi aiuti.

34 외국인이라 잘 몰라요.
oe-gug-in i-ra jal mol-la-yo.

Non lo so con certezza perché sono straniero.

35 기숙사에 어떻게 가죠?
gi-suk-sa e ŏ-tto-ke ga-jyo?

Come si arriva al dormitorio?

36 몇시가 통금인가요?
myŏ-sshi ga tong-gŭm in-ga-yo?

A che ora è il coprifuoco?

37 숙제를 깜빡했어요.
suk-je rŭl ggam-bbak-hae-ssŏ-yo.

Ho dimenticato di fare i compiti.

38 제가 착각했나봐요.
je ga chak-gak haet-na-bwa-yo.

Devo essermi confuso.

39 성적표 봤어요?
sŏng-jŏk-pyo bwa-ssŏ-yo?

Ha visto la (sua) pagella?

40 성적표 언제 나와요?
sŏng-jŏk-pyo ŏn-je na-wa-yo?

Quando escono le pagelle?

41 성적이 엉망이에요.
sŏng-jŏg i ŏng-mang i-e-yo.

I miei voti sono un disastro.

42 이번 학기는 성적이 좋지 않아요.
i-bŏn hak-gi nŭn sŏng-jŏg i jot-chi an-a-yo.

I miei voti non sono buoni questo semestre.

43 다음 학기에는 열심히 할거에요.
da-ŭm hak-gi e nŭn yŏl-shim-hi hal-gŏ-e-yo.

Ci metterò tutto il mio impegno il prossimo semestre.

44 적응이 힘들어요.
jŏg-ŭng i him-dŭl-ŏ-yo.

È difficile abituarsi (al nuovo ambiente).
= Mi sento fuori posto.

45 친구들이 많이 있어요/없어요.
chin-gu-dŭl i man-i i-ssŏ-yo / ŏp-ssŏ-yo.

(Io) ho/non ho molti amici.

46 교수님 한번만 봐주세요.
gyo-su-nim han-bŏn-man bwa-ju-se-yo.

Professore, per favore, mi dia tregua solo una volta.

47 이메일 보내드렸어요.
i-mae-il bo-nae-dŭ-ryŏ-ssŏ-yo.

Le ho inviato un'e-mail.

48 수업이 취소되었어요.
su-ŏb i chwi-so-doe-ŏ-ssŏ-yo.

La lezione è stata cancellata.

49 이번 학기는 정말 바쁘네요.
i-bŏn hak-gi nŭn jŏng-mal ba-bbŭ-ne-yo.
Questo semestre è molto impegnativo.

50 수업을 많이 듣고 있어요.
su-ŏb ŭl man-i dŭt-go i-ssŏ-yo.
(Io) sto seguendo molte lezioni.

51 아르바이트도 할 수 있나요?
a-rŭ-ba-i-tŭ do hal-su-it-na-yo?
Posso lavorare anche part-time?

52 학비가 너무 비싸요!
hak-bi ga nŏ-mu bi-ssa-yo!
Le lezioni sono troppo costose!

53 장학금을 신청하고 싶어요.
jang-hak-gŭm ŭl shin-chŏng ha-go ship-ŏ-yo.
Vorrei fare richiesta per una borsa di studio.

54 경비원에게 물어보세요.
gyŏng-bi-won e-ge mul-ŏ-bo-se-yo.
Chieda alla sicurezza, per favore.

55 캠퍼스가 너무 넓어요.
kaem-pŏ-sŭ ga nŏ-mu nŏl-bŏ-yo.
Il campus è troppo vasto/grande.

56 도서관은 어디죠?
do-sŏ-gwan ŭn ŏ-di-jyo?
Dov'è la biblioteca?

57 도서관에서 공부 합니다.
do-sŏ-gwan e-sŏ gong-bu hap-ni-da.
Studio in biblioteca.

58 사람이 정말 많네요!
sa-ram i jŏng-mal man-ne-yo!
C'è davvero tantissima gente!

59 여기에서 공부 해도 되나요?
yŏ-gi e-sŏ gong-bu hae-do doe-na-yo?
Posso studiare qui?

60 동아리에 가입하고 싶어요.
dong-a-ri e ga-ip ha-go ship-ŏ-yo.
Mi piacerebbe entrare in un club.

61 어떤 동아리가 있나요?
ŏ-ttŏn dong-a-ri ga it-na-yo?
Che tipo di club ci sono?

62 전공을 아직 못정했어요.
jŏn-gong ŭl a-jik mot-jŏng-hae-ssŏ-yo.
(Io) non sono ancora riuscito a decidere la (mia) specializzazione di laurea. = Non ho ancora scelto la mia specializzazione di laurea.

63 제 전공은 미술입니다.
je jŏn-gong ŭn mi-sul ip-ni-da.

La mia specializzazione è l'arte.
= Mi sto specializzando in arte.

64 어려운 과목이에요.
ŏ-ryŏ-un gwa-mog i-e-yo.

È una materia difficile.

65 깜빡 졸았네요.
ggam-bbak jol-at-ne-yo.

Mi sono addormentato.

66 깨워주세요.
ggae-wŏ ju-se-yo.

Mi svegli, per favore.

67 필기 했어요?
pil-gi hae-ssŏ-yo?

Ha preso appunti?

68 노트좀 빌려주세요.
no-tŭ jom bil-lyŏ-ju-se-yo.

Mi presti un po' (il suo) quaderno, per favore.

69 책 좀 같이 봐도 될까요?
chaek jom ga-chi bwa-do doel-gga-yo?

Posso prendere un po' in prestito il libro?

70 이게 무슨 뜻이죠?
i-ge mu-sŭn ttŭ-shi-jyo?

Che cosa significa questo? = Che cosa significa?

71 영어로는 뭐라고 하죠?
yŏng-ŏ-ro nŭn mwŏ-ra-go ha-jyo?

Come si dice in inglese?

72 교수님께 여쭤 보세요.
gyo-su-nim-gge yŏ-jjwŏ bo-se-yo.

Chieda al professore.

73 교수실에 계세요?
gyo-su-shil e gye-se-yo?

È nell'ufficio del professore?

74 언제 찾아뵈면 좋을까요?
ŏn-je cha-ja-boe-myŏn jo-ŭl-gga-yo?

Quando sarebbe un buon momento per farle visita?

75 열심히 공부할게요.
yŏl-shim-hi gong-bu hal-e-yo.

Studierò con impegno.

76 혹시 김하나 교수님 아세요?
hok-shi kim-ha-na gyo-su-nim a-se-yo?

Per caso conosce il professor Kim Ha-na?

77 정말 좋은 분이에요.
jŏng-mal jo-ŭn buni-e-yo.

(Lei/lui) è una persona molto simpatica.

78 알아요. 저 예전에 수업 들었어요.
al-a-yo.   jŏ ye-jŏn-e su-ŏp dŭl-ŏ-ssŏ-yo.
Lo so. Ho frequentato il suo corso in passato.

79 수업은 어떤가요?
su-ŏb ŭn ŏ-ttŏn-ga-yo?
Com'è il corso?

80 쉬운가요? / 어려운가요?
shwi-un-ga-yo?   ŏ-ryŏ-un-ga-yo?
È facile? / Difficile?

81 정말 쉬워요. / 어려워요.
jŏng-mal shwi-wŏ-yo / ŏ-ryŏ-wŏ-yo.
È davvero facile. / difficile.

82 수업이 재미있나요?
su-ŏb i jae-mi-it-na-yo?
La classe è divertente?

83 과제가 많나요?
gwa-je ga man-na-yo?
Ci sono molti compiti?
= Assegna molti compiti?

84 그룹 프로젝트가 많아요.
gŭ-rŭp pŭ-ro-jek-tŭ ga man-a-yo.
Ci sono molti progetti di gruppo.

85 시험을 자주 보나요?
shi-hŏm ŭl ja-ju bo-na-yo?
Sostieni delle verifiche di frequente? = Lui/lei
fa delle verifiche di frequente?

86 신입생 환영회가 있어요.
shin-ip-saeng hwan-yŏng-hoe ga i-ssŏ-yo.
C'è una festa di benvenuto per le matricole.

87 선배님, 안녕하세요!
sŏn-bae-nim, an-nyŏng-ha-se-yo!
Come sta, veterano!

88 동아리 가입을 환영합니다.
dong-a-ri ga-ib ŭl hwan-yŏng-hap-ni-da.
Ti diamo il benvenuto al club!

89 열심히 참여하세요.
yŏl-shim-hi cham-yŏ ha-se-yo.
Partecipa attivamente
= Non vediamo l'ora che partecipi attivamente.

90 빠지지 말고 나오세요.
bba-ji-ji mal-go na-o-se-yo.
Partecipi senza perdere alcun impegno.
Mi dica se hai bisogno di aiuto

91 도움이 필요하면 말하세요.
do-um i pil-yo-ha-myŏn mal-ha-se-yo.
Mi dica se hai bisogno di aiuto

CAPITOLO 4. ACQUISTI

01 어서오세요.
ŏ-sŏ-o-se-yo.

Benvenuti.

02 무엇을 찾으시나요?
mu-ŏ sŭl cha-zŭ-shi-na-yo?

Cosa state cercando?

03 혹시 반바지 있나요?
hok-shi ban-ba-ji it-na-yo?

Per caso hai dei pantaloncini corti?

04 모자를/신발을 찾고 있어요.
mo-ja rŭl / shin-bal ŭl chat-go i-ssŏ-yo.

Cerco un cappello/scarpe.

05 찾으시는 스타일이/브랜드가 있나요?
cha-zŭ-shi-nŭn sŭ-ta-il i / bŭ-raen-dŭ ga it-na-yo?

C'è uno stile/marca che cerchi?

06 도와드릴까요?
do-wa-dŭ-ril-gga-yo?

Posso aiutarla?

07 사이즈가 어떻게 되시나요?
sa-i-zŭ ga ŏ-ttŏ-ke doe-shi-na-yo?

Qual è la sua taglia?

08 입어봐도 되나요?
ib-ŏ-bwa-do doe-na-yo?

Posso provarlo?

09 이 사이즈 있나요?
i sa-i-zŭ it-na-yo?

Avete questa taglia?

10 제 사이즈는 30입니다.
je sa-i-zŭ nŭn sam-ship ip-ni-da.

La mia taglia è la 30.

11 조금 큰/작은 것 같아요.
jo-gŭm kŭn / jag-ŭn gŏt gat-a-yo.

Penso che sia un po' piccola/grande.

12 딱 맞네요.
ttak mat-ne-yo.

Calza perfettamente.

13 얼마예요?
ŏl-ma ye-yo?

Quanto costa?

14 세일 하나요?
se-il ha-na-yo?

È in vendita?

15 재고 있나요?
jae-go it-na-yo?

Lo avete in magazzino?

16 확인해 주시겠어요?
hwag-in hae ju-shi-get-ssŏ-yo?

Potrebbe controllare, per favore?

17 반품 가능한가요?
ban-pum ga-nŭng-han-ga-yo?

Si può effettuare il reso?

18 얼마동안에 반품 할 수 있나요?
ŏl-ma dong-an-e ban-pum hal su it-na-yo?

Fino a quando posso restituirlo?

19 환불 가능한가요?
hwan-bul ga-nŭng-han-ga-yo?

Posso ricevere un rimborso?

20 반품 하고 싶습니다.
ban-pum ha-go ship-sŭp-ni-da.

Vorrei restituirlo.

21 제품에 문제가 있나요?
je-pum e mun-je ga it-na-yo?

C'è stato un problema con il prodotto?

22 아니요, 사이즈가 맞지 않아요.
a-ni-yo, sa-i-zŭ ga mat-ji an-a-yo.

No, la taglia non va bene. = No, non va bene.

23 아니요, 스타일이 맞지 않아요.
a-ni-yo, sŭ-ta-il i mat-ji a-na-yo.

No, non mi piaceva lo stile.

24 다른 색상이 있나요?
da-rŭn saek-sang i it-na-yo?

Avete altri colori?

25 이게 마음에 들어요.
i-ge ma-ŭm-e dŭl-ŏ-yo.

Questo è di (mio) gradimento. = Mi piace.

26 그냥 둘러볼게요.
gŭ-nyang dul-lŏ-bol-gge-yo.

Do un'occhiata.

27 구경해도 되나요?
gu-gyŏng-hae-do doe-na-yo?

Posso dare un'occhiata in giro?

28 탈의실이 어디죠?
tal-ŭi-shil i ŏ-di-jyo?

Dov'è il camerino?

29 남성용/여성용 인가요?
nam-sŏng-yong / yŏ-sŏng-yong in-ga-yo?

È per uomini/donne? = È da uomo o da donna?

30 여기 흠이 있어요.
yŏ-gi hŭm i i-ssŏ-yo.

Qui c'è un graffio/difetto.

31 원래 이런가요?
wŏl-lae i-rŏn-ga-yo?

È così di solito? = È normale?

32 할인 해 주실수 있나요?
hal-in hae ju-shil-su it-na-yo?

Potete farmi uno sconto?

33 신상품 있나요?
shin-sang-pum it-na-yo?

Avete i prodotti più recenti?

34 정품 맞나요?
jŏng-pum mat-na-yo?

Questo è un prodotto originale?

35 매니저를 만나고 싶습니다.
mae-ni-jŏ rŭl man-na-go ship-sŭp-ni-da.

Vorrei incontrare il responsabile.

36 계산 해주세요.
gye-san hae-ju-se-yo.

Per favore, calcolate (il prezzo) per me.
= Per favore, chiamatelo.

37 쇼핑백을 주세요.
sho-ping-baeg ŭl ju-se-yo.

Per favore, mi dia una borsa della spesa.

38 포장 해주세요.
po-jang hae-ju-se-yo.

Per favore, lo incarti.

39 영수증을 백안에 넣어주세요.
yŏng-su-zŭng ŭl baeg-an-e nŏ-ŏ-ju-se-yo.

La prego di mettere lo scontrino nella borsa.

40 영수증은 저에게 주세요.
yŏng-su-zŭng ŭn jŏ-e-ge ju-se-yo.

La prego di mettere lo scontrino nella borsa.

41 카드 되나요?
ka-dŭ doe-na-yo?

La carta (di credito) va bene?
= Accettate carte di credito?

42 현금도 되나요?
hyŏn-gŭm do doe-na-yo?

Va bene anche il contante?
= Posso pagare in contanti?

43 현금으로 사면 할인 받나요?
hyŏn-gŭm ŭ-ro sa-myŏn hal-in bat-na-yc?

Ricevo uno sconto se acquisto in contanti?

44 택스리펀드 되나요?
taek-sŭ-ri-pŏn-dŭ doe-na-yo?

È possibile il rimborso delle tasse?

45 택스리펀드는 어디에서 하나요?
taek-sŭ-ri-pŏn-dŭ nŭn ŏ-di-e-sŏ ha-na-yo?

Dove posso presentare il rimborso delle tasse?

46 이렇게 작성하면 되나요?
i-rŏt-ke jak-sŏng-ha-myŏn doe-na-yo?

È giusto se lo compilo in questo modo?

47 배달도 되나요?
bae-dal do doe-na-yo?

Può essere spedito?

48 홀드해 주실 수 있나요?
hol-dŭ hae ju-shil su it-na-yo?

Potete tenerlo da parte per me?

49 다시 찾으러 올게요.
da-shi cha-zŭ-rŏ ol-gge-yo.

Tornerò a prenderlo.

50 수선 가능한가요?
su-sŏn ga-nŭng-han-ga-yo?

È possibile effettuare un cambio?

51 언제 준비 될까요?
ŏn-je jun-bi doel-gga-yo?

Quando sarà pronto?

52 준비되면 연락 주세요.
jun-bi doe-myŏn yŏl-lak ju-se-yo.

Per favore, mi chiami quando è pronto.

53 도와주셔서 감사합니다.
do-wa-ju-shŏ-sŏ gam-sa-hap-ni-da.

Grazie per avermi aiutato.

54 그때 돌아 올게요.
gŭ-ttae dol-a-ol-gge-yo.

Tornerò quando sarà pronto.

55 좀 더 깎아주세요.
jom dŏ gga-ka-ju-se-yo.

Per favore, mi faccia un altro sconto.

56 너무 비싸네요.
nŏ-mu bi-ssa-ne-yo.

È troppo costoso.

57 좀 더 싼 거 있나요?
jom dŏ ssan gŏ it-na-yo?

Avete qualcosa di più economico?

58 영업시간이 어떻게 되요?
yŏng-ŏp-shi-gan i ŏ-ttŏ-ke doe-yo?

Quali sono i vostri orari di lavoro?

59 몇시에 열어요?
myŏ-sshi e yŏl-ŏ-yo?

A che ora aprite?

60 몇시에 닫아요?
myŏ-sshi e dad-a-yo?

A che ora chiudete?

61 오늘 몇시까지 하세요?
o-nŭl myŏ-sshi gga-ji ha-se-yo?

(Nel senso letterale del termine) Fino a che ora lavora oggi? = A che ora apre oggi?

62 어떻게 계산하시겠어요?
ŏ-ttŏ-ke gye-san ha-shi-get-ssŏ-yo?

Come vorrebbe pagare?

63 더 가져 올게요.
dŏ ga-jyŏ ol-gge-yo.

Ne porterò altri.

64	잠시만 기다려주세요. jam-shi-man gi-da-ryŏ-ju-se-yo.	Aspetti un momento.
65	함께 계산 해주세요. ham-gge gye-san hae-ju-se-yo.	Li chiami insieme, per favore. = Vorrei pagarli tutti insieme.
66	따로따로 계산 해주세요. tta-ro-tta-ro gye-san hae-ju-se-yo.	Faccia un conto unico, per favore. = Vorrei pagarli separatamente.
67	돈이 모자라네요. don i mo-ja-ra-ne-yo.	Non ho abbastanza soldi.
68	얼마나 더 필요하죠? ŏl-ma-na dŏ pil-yo-ha-jyo?	Di quanti altri soldi servono?
69	새 제품 맞죠? sae je-pum mat-jyo?	È un prodotto nuovo, vero?
70	언제 재입고 될까요? ŏn-je jae-ip-go doel-gga-yo?	Quando sarà riconsegnato?
71	다른 매장에는 있나요? da-rŭn mae-jang-e nŭn it-na-yo?	È disponibile in altri negozi?
72	디스플레이랑 같은 것 주세요. di-sŭ-pŭl-lae-i-lang ga-tŭn gŏt ju-se-yo.	Per favore, mi dia quello che c'è in esposizione.
73	어떤게 가장 인기있나요? ŏ-ttŏn-ge ga-jang in-ggi-it-na-yo?	Qual è il più richiesto?
74	재질이 뭔가요? jae-jil i mwŏn-ga-yo?	Qual è il materiale? = Di cosa è fatto?
75	늘려주세요/줄여주세요. nŭl-lyŏ-ju-se-yo / jul-yŏ-ju-se-yo.	Per favore, lo faccia allungare/accorciare.
76	세탁기에 돌려도 되나요? se-tak-gi e dol-lyŏ-do doe-na-yo?	È lavabile in lavatrice?
77	교환하고 싶어요. gyo-hwan ha-go ship-ŏ-yo.	Vorrei cambiarlo.
78	이거 보증 되나요? i-gŏ bo-zŭng doe-na-yo?	Può essere coperto da garanzia?

79 계산이 잘못 된 것 같아요.
gye-san i jal-mot doen gŏt gat-a-yo.

Penso che il calcolo sia sbagliato.
= Penso che la fattura non sia corretta.

80 어때보여요?
ŏ-tte bo-yŏ-yo?

Come sto?

81 잘 어울리나요?
jal ŏ-ul-li-na-yo?

Mi sta bene?

82 이걸로 할게요.
i-gŏl lo hal-gge-yo.

Scelgo questo. = Prendo questo.

83 지금 유행이에요.
ji-gŭm yu-haeng-i-e-yo.

Questo è richiesto al giorno d'oggi.

84 추천해 주세요.
chu-chŏn hae ju-se-yo.

Per favore, mi dia un suggerimento.
= Sono aperto a suggerimenti.

85 가격이 어떻게 되나요?
ga-gyŏg i ŏ-ttŏ-ke doe-na-yo?

Qual è il prezzo?

86 다 고르셨나요?
da go-rŭ-shŏt-na-yo?

Ha già scelto/selezionato tutto?
= Ha trovato tutto a posto?

87 전부 얼마죠?
jŏn-bu ŏl-ma-jyo?

Quanto costano tutti insieme?

88 세금이 포함되었나요?
se-gŭm i po-ham doe-ŏt-na-yo?

Le tasse sono incluse?

89 거스름 돈 있으세요?
gŏ-sŭ-rŭm don i-ssŭ-se-yo?

Ha della moneta?

90 싸게 사시는 겁니다.
ssa-ge sa-shi-nŭn gŏp-ni-da.

Lo stai comprando a buon mercato.
= Questo è un buon acquisto.

91 세일은 언제까지 하나요?
se-il ŭn ŏn-je gga-ji ha-na-yo?

Fino a quando sarà in vendita?
= Per quanto sarà in vendita?

92 지금은 특별 세일 기간입니다.
ji-gŭm ŭn tŭk-byŏl se-il gi-gan ip-ni-da.

Ora è un periodo di offerte speciali.

93 돈을 더 낸 것 같아요.
don ŭl dŏ naen gŏt gat-a-yo.

Penso di aver speso più denaro.
= Penso di averlo pagato troppo.

94 신용카드를/여행자수표를 받나요?
shin-yong-ka-dŭ rŭl / yŏ-haeng-ja-su-pyo rŭl bat-na-yo?

**Accettate assegni di carta di credito/
assegno turistico?**

95 엘레베이터는 어디에 있나요?
el-le-be-i-tŏ nŭn ŏ-di-e it-na-yo?

Dov'è l'ascensore?

96 이것을 수리받고 싶어요.
i-gŏ sŭl su-ri-bat-go ship-ŏ-yo.

Vorrei farlo riparare.

97 고장났어요.
go-jang-na-ssŏ-yo.

È rotto.

98 불량품이에요.
bul-lyang-pum i-e-yo.

È un prodotto difettoso.

99 어디서 샀어요?
ŏ-di-sŏ sa-sso-yo?

Dove l'ha comprato?

100 정말 옷 잘입네요.
jŏng-mal ot jal ip-ne-yo.

**I suoi abiti le stanno veramente bene.
= Ha un gran senso della moda.**

101 패션 감각이 좋다.
pae-shŏn gam-gag i jot-ta.

Il suo senso della moda è ottimo.

102 옷이 그게 뭐예요?
o shi gŭ-ge mwŏ-ya?

Cosa c'è che non va con i vestiti?

103 요즘 유행하는 스타일이예요.
yo-zŭm yu-haeng-ha-nŭn sŭ-ta-il i-ye-yo.

**(Questo) è uno stile che fa tendenza in
questi giorni.**

104 옷이 날개네요.
o shi nal-gae ne-yo.

**I vestiti sono ali.
= Sta benissimo con quei vestiti.**

105 옷이 너무 야해요.
o shi nŏ-mu ya-hae-yo.

I suoi vestiti sono troppo sexy/provocanti.

CAPITOLO 5. RISTORANTE

01 자리 있나요?
ja-ri it-na-yo?

C'è un posto libero?

02 몇 명 이세요?
myŏt myŏng i-se-yo?

Quante persone ci sono?

03 네명 입니다.
ne myŏng ip-ni-da.

Sono 4 persone.

04 예약 하셨나요?
ye-yak ha-shŏt-na-yo?

Ha prenotato? = Ha una prenotazione?

05 아니요, 안 했어요 / 네, 했어요.
a-ni-yo,   an hae-ssŏ-yo. / ne, hae-ssŏ-yo.

No, non ho prenotato. / Sì, ho prenotato.

06 몇시로 예약 하셨나요?
myŏ-sshi ro ye-yak ha-shŏt-na-yo?

A che ora ha prenotato?

07 한시요. / 한시 삼십분이요.
han shi-yo. / han shi sam-ship bun i-yo.

È l'una. / È l'una e trenta minuti (è l'una e trenta).

08 이쪽으로 오세요.
i-jjog ŭ-ro   o-se-yo.

Venga da questa parte, prego.

09 이 자리 괜찮으세요?
i ja-ri goen-chan-ŭ-se-yo?

Questo posto va bene?

10 혹시 테이블은 없나요?
hok-shi te-i-bŭl ŭn ŏp-na-yo?

Ha un tavolo libero, per caso?

11 메뉴를 주세요.
me-nyu rŭl ju-se-yo.

Mi dia il menù, per favore.

12 추천 해주세요.
chu-chŏn hae-ju-se-yo.

Mi dia dei consigli/suggerimenti, per favore.

13 매운 것/단 것 좋아하세요?
mae-un gŏt/dan gŏt jo-a-ha-se-yo?

Le piace il cibo piccante/dolce?

14 매운 것 잘 못먹어요
mae-un gŏt jal mot-mŏg-o-yo.

Non riesco a gustare bene le cose piccanti.

15 이거 드셔보셨나요?
i-gŏ dŭ-shŏ-bo-shŏt-na-yo?

Ha provato questo?

16 어떤 요리인가요?
ŏ-ttŏn yo-ri in-ga-yo?

Che tipo di cucina è?

17 마늘이/양파가 들어있나요?
ma-nŭl i / yang-pa ga dŭl-ŏ-it-na-yo?

C'è aglio e cipolla?

18 뭘로 만든 건가요?
mwŏl-lo man-dŭn gŏn-ga-yo?

Con cosa è fatto?
= Quali sono gli ingredienti?

19 얼마나 걸리나요?
ŏl-ma-na gŏl-li-na-yo?

Quanto tempo ci vuole?

20 시간이 좀 걸립니다
shi-gan i jom gŏl-lip-ni-da.

Ci vorrà un po' di tempo (per cucinare).

21 양이 얼마나 되나요?
yang i ŏl-ma-na doe-na-yo?

Quant'è grande la porzione?

22 둘이 먹기에 충분해요/부족해요.
dul i mŏk-ki-e chung-bun-hae-yo / bu-jok-hae-yo.

È sufficiente (per) due persone.
/ Non è sufficiente.

23 음료수는 어떤 종류로 하시겠어요?
ŭm-nyo-su nŭn ŏ-ttŏn jong-nyu ro ha-shi-get-ssŏ-yo?.

Che tipo di bevanda vorrebbe?

24 어떤게 있나요?
ŏ-ttŏn-ge it-na-yo?

Che tipo di bevanda avete?

25 쥬스로 할게요.
jyu-sŭ ro hal-gge-yo.

Io prendo un succo di frutta.

26 그냥 물이요.
gŭ-nyang mul i-yo.

Solo acqua, per favore.

27 젓가락/포크/숟가락/냅킨 주세요.
jŏt-ga-rak/po-kŭ/sut-ga-rak/naep-kin ju-se-yo.

Per favore, mi dia delle bacchette/una forchetta/ un cucchiaio.

28 주문 하시겠어요?
ju-mun ha-shi-get-ssŏ-yo?

Vuole ordinare?

29 주문 도와드릴까요?
ju-mun do-wa-dŭ-ril-gga-yo?

Posso aiutarla con il suo ordine?

30 시간을 조금 더 주세요.
shi-gan ŭl jo-gŭm dŏ ju-se-yo.

Mi dia un po' più di tempo, per favore.

31 주문하신 음식 나왔습니다.
ju-mun-ha-shin ŭm-shik na-wat-ssŭp-ni-da.

Ecco il piatto che ha ordinato.

32 이건 제가 주문한게 아닌데요.
i-gŏn je ga ju-mun-han-ge a-nin-de-yo.

Questo non è quello che ho ordinato.

33 다시 확인 해주세요.
da-shi hwag-in hae-ju-se-yo.

Controlli di nuovo, per favore.

34 사진과 너무 다른데요.
sa-jin gwa nŏ-mu da-rŭn-de-yo.

È troppo diverso dalla foto.

35 주방장을 불러주세요.
ju-bang-jang ŭl bul-lŏ-ju-se-yo.

Mi chiami lo chef, per favore.

36 음식이 식었어요.
ŭm-shig i shig-ŏ-ssŏ-yo.

Il cibo è freddo.

37 음식에서 이게 나왔어요.
ŭm-shig e-sŏ   i-ge   na-wa-ssŏ-yo.

C'era questo nel mio cibo.

38 음식이 너무 짜요/싱거워요.
ŭm-shig i   nŏ-mu   jja-yo / shing-gŏ-wŏ-yo.

Il cibo è troppo salato/insipido.

39 이건 어떻게 먹나요?
i-gŏn   ŏ-ttŏ-ke   mŏk-na-yo?

Come si mangia questo?

40 음식 언제 나오나요?
ŭm-shig ŏn-je   na-o-na-yo?

Quando arriva il cibo?

41 왜 이렇게 오래 걸리죠?
wae   i-rŏt-ke   o-rae   gŏl-li-jyo?

Perché ci vuole così tanto?

42 주문이 들어갔나요?
ju-mun i   dŭl-ŏ-gat-na-yo?

L'ordine è arrivato?

43 계산서를 주세요.
gye-san-sŏ rŭl ju-se-yo.

Per favore, mi dia il conto.

44 잘 먹었습니다.
jal   mŏg-ŏ-ssŭp-ni-da.

(Io) ho mangiato bene.
= Grazie per l'ottimo pasto.

45 정말 맛있었어요.
jŏng-mal ma-shi-ssŏ-ssŏ-yo.

Era davvero delizioso.

46 배가 불러요.
bae ga bul-lŏ-yo

Ho lo stomaco pieno. = Sono sazio.

47 포장 되나요?
po-jang doe-na-yo.

Si può incartare? = Posso toglierlo?

48 남은 음식을 싸주세요.
nam-ŭn ŭm-shig ŭl ssa-ju-se-yo.

Per favore, incartate gli avanzi (pasto).
= Vorrei un sacchetto per il cane, per favore.

CAPITOLO 6. ALL'AEROPORTO

01 어느 항공 인가요?
ŏ-nǔ hang-gong in-ga-yo?

Quale compagnia aerea è?

02 한국항공 입니다.
han-guk hang-gong ip-ni-da.

È la Hanguk Airline.

03 201 항공편 입니다.
i-gong-il hang-gong-pyŏn ip-ni-da.

È il volo 201.

04 여권을 보여주세요.
yŏ-ggwŏn ŭl bo-yŏ-ju-se-yo.

Mi mostri il passaporto, per favore.

05 예약을 확인 해주세요.
ye-yag ŭl hwag-in hae-ju-se-yo.

Può confermare la (mia) prenotazione?

06 이번/다음 터미널에 내려주세요.
i-bŏn / da-ŭm tŏ-mi-nŏl e nae-ryŏ-ju-se-yo.

La prego di lasciarmi a questo/al prossimo terminal.

07 수속을 하려고요.
su-sog ŭl ha-ryŏ-go-yo.

Vorrei fare il check-in, per favore.

08 수속 카운터는 어디인가요?
su-sok ka-un-tŏ nŭn   ŏ-di-in-ga-yo?

Dov'è lo sportello del check-in?

09 부산까지 가시죠?
bu-san gga-ji ga-shi-jyo?

Sta andando a Busan, giusto?

10 직항이죠?
jik-hang i-jyo?

È un volo diretto, giusto?

11 어떤 목적으로 가시나요?
ŏ-ttŏn mok-jŏg ŭ-ro ga-shi-na-yo?

Qual è lo scopo del suo viaggio?

12 짐을/수하물을 부치시나요?
jim ŭl / su-ha-mul ŭl bu-chi-shi-na-yo?

Effettuate il check-in di bagagli/valigie?

13 짐이/수하물이 몇개인가요?
jim i / su-ha-mul i myŏt-gae-in-ga-yo?

Quanti sono i bagagli?

14 짐은/수하물은 무게 제한이 얼마죠?
jim ŭn / su-ha-mul ŭn mu-ge je-han i ŏl-ma-jyo?

Qual è il limite di peso (sul) bagaglio/sulla valigia?

15 짐이 무게를 초과했어요.
jim i mu-ge rŭl cho-gwa-hae-ssŏ-yo.

(Il tuo) bagaglio è oltre il limite di peso (limite).

16 몇개를 뺄게요.
myŏt-gae rŭl bbael-gge-yo.

Ne toglierò qualcuno.

17 얼마나 초과되었나요?
ŏl-ma-na cho-gwa-doe-ŏt-na-yo?

Di quanto è oltre il limite?

18 이제 어떤가요?
i-je   ŏ-ttŏn-ga-yo?

E adesso?

19 수속 하셨나요?
su-sok ha-shŏt-na-yo?

Ha fatto il check-in?

20 아니요, 수속 좀 도와주세요.
a-ni-yo,   su-sok jom do-wa-ju-se-yo.

No, per favore mi aiuti con il check-in.

21 인터넷으로 예약을 했어요.
in-tŏ-ne-sŭ-ro   ye-yag ŭl hae-ssŏ-yo.

Ho prenotato tramite Internet.

22 여기 제 예약번호가 있습니다.
yŏ-gi   je ye-yak-bŏn-ho ga it-ssŭp-ni-da.

Ecco il numero della mia prenotazione.

23 마일리지가 적립되었습니다.
ma-il-li-ji ga jŏng-nip-doe-ŏ-ssŭp-ni-da.
Il chilometraggio è stato accumulato.

24 초과 수화물 비용이 있나요?
cho-gwa su-hwa-mul bi-yong i it-na-yo?
C'è una tariffa per il bagaglio in eccesso?

25 카트는 어디 있나요?
ka-tŭ nŭn ŏ-di it-na-yo?
Dove sono i carrelli?

26 좌석이 지정되어 있나요?
jwa-sŏg i ji-jŏng-doe-ŏ it-na-yo?
I posti sono preassegnati?

27 제 좌석은 어디죠?
je jwa-sŏg ŭn ŏ-di-jyo?
Dov'è il mio posto?

28 좌석 변경이 가능한가요?
jwa-sŏk byŏn-gyŏng i ga-nŭng-han-ga-yo?
Posso cambiare il posto a sedere?

29 창가쪽/복도쪽/가운데 좌석 있나요?
chang-gga-jjok/bok-ddo-jjok/ga-un-dae jwa-sŏk it-na-yo?
Avete un posto al finestrino/corridoio/ sedile centrale disponibile?

30 창가쪽/복도쪽/가운데 좌석 부탁합니다.
chang-gga-jjok/bok-ddo-jjok/ga-un-dae jwa-sŏg
bu-tak-hap-ni-da.
Un posto al finestrino/corridoio/sedile centrale, per favore.

31 정시에 출발하나요?
jŏng-shi e chul-bal ha-na-yo?
Parte all'orario previsto?

32 동반자가 있나요?
dong-ban-ja ga it-na-yo?
Ha un accompagnatore?

33 비자가 있나요?
bi-za ga it-na-yo?
Ha un visto?

34 신분증을 보여주세요.
shin-bun-tzŭng ŭl bo-yŏ-ju-se-yo.
Mi mostri la sua carta, per favore.

35 몇시에 탑승 시작하죠?
myŏ-sshi-e tap-sŭng shi-jag-ha-jyo?
A che ora inizia l'imbarco?

36 만석입니다.
man-sŏg ip-ni-da.

Tutti i posti sono occupati.
= Abbiamo il volo al completo.

37 탑승권을 보여주세요.
tap-sŭng-ggwŏn ul bo-yŏ-ju-se-yo.

Mi mostri la carta d'imbarco, per favore.

38 한국항공 카운터는 어디죠?
han-guk-hang-gong ka-un-tŏ nŭn ŏ-di-jyo?

Dov'è lo sportello della Hanguk Airline?

39 짐은 어디에서 찾나요?
jim ŭn ŏ-di e-sŏ chat-na-yo?

Dove posso ritirare il (mio) bagaglio?

40 짐을 잃어버렸어요.
jim-ŭl il-ŏ-bŏ-ryŏ-ssŏ-yo.

Ho perso il (mio) bagaglio.

41 면세점은 어디죠?
myŏn-se-jŏm ŭn ŏ-di-jyo?

Dov'è il negozio duty free?

42 애완동물도 탑승이 가능한가요?
ae-wan-dong-mul do tap-sŭng-i ga-nŭng-han-ga-yo?

Posso portare anche animali domestici sull'aereo?

43 환승 게이트는 어디죠?
hwan-sŭng ge-i-tŭ-nŭn ŏ-di-jyo?

Dov'è il gate di trasferimento?

44 연착 되었나요?
yŏn-chak doe-ŏt-na-yo?

È in ritardo?

45 다음 비행기편에 늦었습니다.
da-ŭm bi-haeng-gi-pyŏn e nŭ-zŏt-ssŭp-ni-da.

Sono in ritardo per la (mia) coincidenza.

46 비행기를 놓칠 것 같아요.
bi-haeng-gi rŭl not-chil-gŏt gat-a-yo.

Penso che perderò il (mio) aereo (= volo).

47 제가 먼저 가도 될까요?
je ga mŏn-jŏ ga-do doel-gga-yo?

Posso andare per primo?

48 줄이 기네요.
jul i gi-ne-yo.

La fila è lunga. = È una lunga fila.

49 여행자보험을 구입하고 싶은데요.
yŏ-haeng-ja bo-hŏm-ŭl gu-ip-ha-go ship-ŭn-de-yo.

Vorrei acquistare un'assicurazione per il viaggio.

50 면세품을 주문하고 싶은데요.
myŏn-se-pum ŭl ju-mun-ha-go ship-ŭn-de-yo.

Vorrei ordinare articoli duty free.

51 여권을 집에 놓고 왔어요.
yŏ-ggwŏn-ŭl jib e not-ko wa-ssŏ-yo.

Ho lasciato il passaporto a casa.

52 금지된 물건이 있나요?
gŭm-ji-doen mul-gŏn i it-na-yo?

Ci sono (alcuni) articoli soggetti a restrizioni?

53 깨지기 쉬운 물건이 들어있어요.
ggae-ji-gi shwi-un mul-gŏn i dŭl-ŏ-i-ssŏ-yo.

Ci sono articoli fragili.

54 짐이 서울까지 가나요?
jim i sŏ-ul gga-ji ga-na-yo?

Il (mio) bagaglio va a Seoul?

55 도쿄까지 연결되나요?
to-kyo gga-ji yŏn-gyŏl-doe-na-yo?

È in coincidenza con Tokyo?

56 짐을 다시 찾아야 하나요?
jim ŭl da-shi cha-ja-ya ha-na-yo?

Devo ritirare di nuovo il (mio) bagaglio?

57 게이트가 몇번인가요?
ge-i-tŭ ga myŏt bŏn in-ga-yo?

Qual è il numero del gate?

58 짐을 부치시겠어요?
jim ŭl bu-chi-shi-get-ssŏ-yo?

Desidera effettuare il check-in del (suo) bagaglio?

59 아니요, 들고 탈게요.
a-ni-yo, dŭl-go tal-gge-yo.

No, lo porto a bordo.

60 아기도 티켓을 사야 하나요?
a-gi do ti-ke sŭl sa-ya ha-na-yo?

Anche il neonato/bambino deve comprare un biglietto?

61 아기가 몇 살이죠?
a-gi ga myŏt sal i-jyo?

Quanti anni ha il bambino?

62 세 살입니다.
se sal ip-ni-da.

Ha tre anni.

63 신발을/안경을 벗어야 하나요?
shin-bal ŭl/an-gyŏng ŭl bŏ-sŏ-ya ha-na-yo?

Devo togliermi le scarpe/gli occhiali?

64 랩탑을 꺼내야 하나요?
leb-tab ŭl ggŏ-nae-ya ha-na-yo?

Devo estrarre il (mio) computer portatile?

65 모자를 벗어주세요.
mo-ja rŭl bŏ-sŏ-ju-se-yo.

Per favore, si tolga il cappello.

66 안경도 벗어야 하나요?
an-gyŏng do bŏ-sŏ-ya ha-na-yo?

Devo togliermi anche gli occhiali?

67 탑승을 시작합니다.
tap-sŭng ŭl shi-jak-hap-ni-da.

Stiamo per imbarcarci.

68 탑승을 마감합니다.
tap-sŭng ŭl ma-gam-hap-ni-da.

Stiamo ultimando l'imbarco.
= Chiuderemo il volo.

69 제가 먼저 왔는데요.
je ga mŏn-jŏ wat-nŭn-de-yo.

Sono arrivato per primo.

70 줄이 여기인가요?
jul i yŏ-gi in-ga-yo?

È questa la fila?

71 도와주시겠어요?
do-wa-ju-si-get-ssŏ-yo?.

Può aiutarmi, per favore?

72 비행기를 놓쳤어요.
bi-haeng-gi rŭl not-chŏ-ssŏ-yo.

Ho perso il mio aereo (= volo).

73 연결편이 연착/취소되었어요.
yŏn-gyŏl-pyŏn i yŏn-chak/chwi-so doe-ŏ-ssŏ-yo.

Il volo in coincidenza è stato posticipato/
annullato.

74 비행기가 연착/취소되었어요.
bi-haeng-gi ga yŏn-chak/chwi-so doe-ŏ-ssŏ-yo.

L'aereo (= volo) è stato posticipato/annullato.

75 보상을 원합니다.
bo-sang ŭl wŏn-hap-ni-da.

Voglio un risarcimento.

76 호텔을 제공해주세요.
ho-tel ŭl je-gong hae-ju-se-yo.

Mi trovi un hotel, per favore.

77 남은 자리가 있나요?
nam-ŭn ja-ri ga it-na-yo?

Avete altri posti a sedere?

78 자리가 다 찼네요.
ja-ri ga da chat-ne-yo.

I posti sono stati tutti occupati.
= Tutti i posti sono stati occupati.

79 편도입니까? / 왕복입니까?
pyŏn-do ip-ni-gga? / wang-bog ip-ni-gga?
È un viaggio di sola andata? È un viaggio di andata e ritorno?

80 편도는/왕복은 얼마죠?
pyŏn-do nŭn / wang-bog ŭn ŏl-ma-jyo?
Quanto costa un viaggio di andata e ritorno?

81 가장 빠른 다음 편은 언제죠?
ga-jang bba-rŭn da-ŭm pyŏn ŭn ŏn-je-jyo?
Qual è il prossimo volo più veloce (= il primo)?

82 짐이 도착을 안했어요.
jim i do-chag ŭl an-hae-ssŏ-yo.
Il mio bagaglio non è arrivato.

83 가방이 부숴졌어요.
ga-bang i bu-swŏ-jyŏ-ssŏ-yo.
Il mio bagaglio è stato danneggiato/rotto.

84 지갑이 없어졌어요.
ji-gab i op-ssŏ-jyŏ-ssŏ-yo.
Il mio portafoglio è sparito.

85 환전을 하고 싶은데요.
hwan-jŏn ŭl ha-go ship-ŭn-de-yo.
Vorrei cambiare i soldi.

86 환율이 어떻게 되나요?
hwan-yul i ŏ-ttŏ-ke doe-na-yo?
Qual è il tasso di cambio?

87 10만원 어치 바꿔주세요.
ship ma-wŏn ŏ-chi ba-ggwŏ-ju-se-yo.
Prego, scambiate 100.000 Won.

88 원으로/달러로 바꿔주세요.
wŏn ŭ-ro / dal-lŏ ro ba-ggwŏ-ju-se-yo.
Prego, scambiate in Won/Dollaro.

89 버스는/택시는 어디에서 타나요?
bŏ-sŭ nŭn/tek-shi nŭn ŏ-di-e-sŏ ta-na-yo?
Da dove devo prendere l'autobus/taxi?

90 미국까지 가나요?
mi-guk gga-ji ga-na-yo?
Va negli Stati Uniti?

CAPITOLO 7. SULL'AEREO

01 여기 제 자리 같은데요.
yŏ-gi je ja-ri gat-ŭn-de-yo?

Penso che questo sia il mio posto.

02 자리를 확인 해 주시겠어요?
ja-ri rŭl hwag-in hae ju-shi-get-ssŏ-yo?

Può controllare il (suo) posto?

03 자리 찾는 것 좀 도와주세요.
ja-ri chat-nŭn gŏt jom do-wa-ju-se-yo.

La prego di aiutarmi a trovare il mio posto.

04 여기는 제 자리입니다.
yŏ-gi nŭn je ja-ri ip-ni-da.

Questo è il mio posto.

05 여권과 탑승권을 보여주세요.
yŏ-ggwŏn-gwa tap-sŭng-gwŏn ŭl bo-yŏ-ju-se-yo.

La prego di mostrarmi il (suo) passaporto e la carta d'imbarco.

06 들고 타도 되나요?
dŭl-go ta-do doe-na-yo?

Posso portarlo con me?

07 강아지가/고양이가 있어요.
gang-a-ji ga / go-yang-i ga i-ssŏ-yo.

Ho un cucciolo di cane / gatto.

08 짐을 실어주세요.
jim ŭl shil-ŏ-ju-se-yo.

La prego di caricare il (mio) bagaglio.

09 짐이 무겁습니다.
jim i mu-gŏp-sŭp-ni-da.

Il mio bagaglio è pesante.

10 짐을 꺼내주세요.
jim ŭl ggŏ-nae-ju-se-yo.
La prego di rimuovere il (mio) bagaglio.

11 좀 도와주시겠어요?
jom do-wa-ju-shi-get-ssŏ-yo?
Potrebbe darmi una mano, per favore?

12 가방 안에 무엇이 들어있나요?
ga-bang an-e   mu-ŏ shi   dŭl-ŏ-it-na-yo?
Cosa c'è nel bagaglio?

13 비상구는 어디입니까?
bi-sang-gu nŭn ŏ-di-ip-ni-gga?
Dov'è l'uscita di emergenza?

14 벨트를 매 주세요.
bel-tŭ rŭl   mae ju-se-yo.
La prego di allacciare la (sua) cintura di sicurezza.

15 기내에서는 금연입니다.
gi-nae-e-sŏ nŭn   gŭm-yŏn-ip-ni-da.
All'interno dell'aereo è vietato fumare. = È vietato fumare a bordo.

16 휴대폰은 비행기 모드로 바꿔주세요.
hyu-dae-pon ŭn bi-haeng-gi mo-dŭ ro ba-ggwŏ-ju-se-yo.
La preghiamo di mettere il (suo) cellulare in modalità aereo.

17 전자기기를 모두 꺼주세요.
jŏn-ja-gi-gi rŭl   mo-du ggŏ-ju-se-yo.
Vi preghiamo di spegnere tutti i (vostri) dispositivi elettronici.

18 휴대폰을 써도 되나요?
hyu-dae-pon ŭl ssŏ-do doe-na-yo?
Posso usare il (mio) cellulare?

19 화장실에 가도 되나요?
hwa-jang-shil e ga-do doe-na-yo?
Posso andare in bagno?

20 승무원의 안내에 따라주세요.
sŭng-mu-wŏn ŭi an-nae-e tta-ra-ju-se-yo.
La preghiamo di seguire le indicazioni dell'assistente di volo.

21 등받이를 세워주세요.
dŭng-ba-ji rŭl se-wŏ-ju-se-yo.
La preghiamo di tirare su il sedile.

22 창문을 올려주세요.
chang-mun-ŭl ol-lyŏ-ju-se-yo.
La preghiamo di alzare il finestrino.

23 기류가 불안정합니다.
gi-ryu ga bul-an-jŏng-hap-ni-da.

Il flusso d'aria è instabile.
= Stiamo attraversando una turbolenza.

24 자리로 돌아가주세요.
ja-ri ro dol-a-ga-ju-se-yo.

Per favore ritorni al (suo) posto.

25 언제 출발하나요?
ŏn-je chul-bal ha-na-yo?

Quando decolliamo?

26 언제 도착하나요?
ŏn-je do-chak ha-na-yo?

Quando arriviamo?

27 기내식은 언제 나오나요?
gi-nae-shig ŭn ŏn-je na-o-na-yo?

Quando vengono serviti i pasti in volo?

28 메뉴를 볼 수 있을까요?
me-nyu rŭl bol su i-ssŭl-gga-yo?

Posso vedere il menu?

29 알러지가 있으신가요?
al-lŏ-ji ga i-ssŭ-shin-ga-yo?

Soffre di allergie?

30 땅콩에 알러지가 있습니다.
ttang-kong e al-lŏ-j i ga it-ssŭp-ni-da.

Sono allergico alle arachidi.

31 식사를 드리겠습니다.
shik-sa rŭl dŭ-ri-get-ssŭp-ni-da.

Vi serviremo i pasti.

32 어느 것으로 하시겠습니까?
ŏ-nŭ gŏ sŭ-ro ha-shi-get-ssŭm-ni-gga?

Quale preferisce?

33 식사를 바꿔도 되나요?
shik-sa rŭl ba-ggwŏ-do doe-na-yo?

Posso cambiare il (mio) pasto?

34 기내식이 나올때 깨워주세요.
gi-nae-shig i na-ol-ttae ggae-wŏ-ju-se-yo.

La prego di svegliarmi quando i pasti (in volo)
verranno serviti.

35 머리가 아파요.
mŏ-ri ga a-pa-yo.

Mi fa male la testa.

36 두통이 심합니다.
du-tong i shim-hap-ni-da.

Ho un forte mal di testa.

37 토할 것 같아요.
to-hal gŏt gat-a-yo.

Penso che sto per vomitare.

38 멀미가 심하네요.
mŏl-mi ga shim-ha-ne-yo.

Ho un forte mal d'aereo.
= Mi sta venendo un forte mal d'aereo.

39 속이 좋지 않아요.
sog i jot-chi a-na-yo.

Ho mal di stomaco.

40 진통제 있나요?
jin-tong-je it-na-yo?

Ha un antidolorifico?

41 비행기안에 의사가 있나요?
bi-haeng-gi an-e ŭi-sa ga it-na-yo?

C'è un medico sull'aereo?

42 충전이 가능한가요?
chung-jŏn i ga-nŭng-han-ga-yo?

È possibile ricaricare (il telefono)?

43 팔걸이가 고장났어요.
pal-gŏl-i ga go-jang-na-ssŏ-yo.

Il bracciolo è rotto.

44 리모콘이 작동을 안해요.
ri-mo-kon i jak-dong ŭl an-hae-yo.

Il telecomando non funziona.

45 엔진에서 연기가 나요.
en-jin e-sŏ yŏn-gi ga na-yo.

Dal motore esce del fumo.

46 비상사태입니다.
bi-sang-sa-tae ip-ni-da.

È una situazione di emergenza.

47 의자가 고장났어요.
ŭi-ja ga go-jang-na-ssŏ-yo.

Il sedile è rotto.

48 불이 안 켜져요.
bul i an kyŏ-jyŏ-yo.

La luce non si accende.

49 티비를 어떻게 사용하죠?
ti-bi rŭl ŏ-ttŏ-gge sa-yong-ha-jyo?

Come si usa la TV?

50 티비가 안나와요.
ti-bi ga an-na-wa-yo.

La TV non funziona.

51 저 승객이 이상해요.
jŏ sŭng-gaeg i i-sang-hae-yo.

Quel passeggero è strano / bizzarro.

52 많이 취한 것 같아요.
man-i chwi-han gŏt gat-a-yo.

Sembra molto ubriaco.

53 다른 자리로 옮겨도 될까요?
da-rŭn ja-ri ro om-gyŏ-do doel-gga-yo?

Posso spostarmi in un altro posto?

54 빨리 내려야 해요.
bbal-li nae-ryŏ-ya hae-yo.

Devo scendere velocemente.

55 어디까지 가세요?
ŏ-di gga-ji   ga-se-yo?

Dove va? = Dov'è la sua destinazione finale?

56 저도 거기에 갑니다.
jŏ do   gŏ-gi e   gap-ni-da.

Anche io sto andando lì.

57 여행 가시나요?
yŏ-haeng ga-shi-na-yo?

Stai facendo un viaggio?

58 코를 골아서 죄송합니다.
ko rŭl   gol-a-sŏ   joe-song-hap-ni-da.

Scusi per il russare.

59 안대 있나요?
an-dae   it-na-yo?

Hai una mascherina per dormire?

60 담요를 주세요.
dam-nyo rŭl ju-se-yo.

Per favore, mi dia una coperta.

61 물 좀 주세요.
mul jom ju-se-yo.

Mi dia un po' d'acqua, per favore.

62 심하게 흔들리네요.
shim-ha-ge hŭn-dŭl-li-ne-yo.

Sta tremando eccessivamente.

63 면세품은 어디서 찾나요?
myŏn-se-pum ŭn ŏ-di-sŏ chat-na-yo?

Dove posso ritirare gli articoli duty-free?

64 면세 한도가 어떻게 되나요?
myŏn-se han-do ga ŏ-ttŏ-ke doe-na-yo?

Qual è il limite del duty-free?

65 이것을 사고 싶어요.
i-gŏ sŭl sa-go ship-ŏ-yo.

Vorrei comprare questo.

66 여기 있습니다.
yŏ-gi it-ssŭp-ni-da.

Ecco a lei.

67 필요한게 있으면 알려주세요.
pil-yo-han-ge i-ssŭ-myŏn al-lyŏ-ju-se-yo.

La prego di farmi sapere se c'è qualcosa che potrebbe servirle.

68 현지 시각은 몇시죠?
hyŏn-ji shi-gag ŭn myŏ-sshi-jyo?

Qual è l'ora locale adesso?

69 입국신고서를 작성해주세요.
ip-guk-shin-go-sŏ rŭl jak-sŏng hae-ju-se-yo.

La preghiamo di compilare la scheda di arrivo.

70 세관 신고서를 작성 해주세요.
se-gwan shin-go-sŏ rŭl jak-sŏng hae-ju-se-yo.

Per favore, compili il modulo di dichiarazione doganale

CAPITOLO 8. VISTO E IMMIGRAZIONE

01 어떤 일로 오셨나요?
ŏ-ttŏn il lo o-shŏt-na-yo?

Qual è la natura della sua attività?
= Qual è lo scopo della sua visita?

02 비자를 갱신하려고요.
bi-za rŭl gaeng-shin ha-ryŏ-go-yo.

Vorrei farmi rinnovare il (mio) visto.

03 비자가 만기되었어요.
bi-za ga man-gi doe-ŏ-ssŏ-yo.

Il (mio/vostro) visto è scaduto.

04 어떤 비자를 갖고 계시죠?
ŏ-ttŏn bi-za rŭl gat-go gye-shi-jyc?

Che tipo di visto ha?

05 관광/투자/학생 비자입니다.
gwan-gwang/tu-ja/hak-saeng bi-za ip-ni-da.

È un visto turistico/da investitore/da studente.

06 영주권자인가요?
yŏng-ju-gwŏn-ja in-ga-yo?

È un residente permanente?

07 어느 나라 국적이시죠?
ŏ-nŭ na-ra guk-jŏk i-shi-jyo?

Qual è la sua nazionalità?

08 신청서를 작성해주세요.
shin-chiŏng-sŏ rŭl jak-sŏng hae-ju-se-yo.

La preghiamo di compilare la domanda.

09 서류가 부족합니다.
sŏ-ryu-ga bu-jok-hap-ni-da.

I documenti sono incompleti.
= Mancano alcuni documenti.

10 서류가 빠진 것 같아요.
sŏ-ryu ga bba-jin gŏt gat-a-yo.

Sembra che manchino dei documenti.

11 신청서가 통과되지 못했습니다.
shin-chŏng-sŏ ga tong-gwa-doe-ji mot-haet-sŭp-ni-da.

La sua domanda non è stata esaminata.

12 신청서가 통과되었습니다.
shin-chŏng-sŏ ga tong-gwa doe-ŏt-ssŭp-ni-da.

La sua domanda è stata esaminata.

13 다시 작성해주세요.
da-shi jak-sŏng hae-ju-se-yo.

La preghiamo di compilarla di nuovo.

14 담당자가 자리에 없습니다.
dam-dang-ja ga ja-ri-e ŏp-sŭp-ni-da.

Il responsabile non è qui.

15 어디 한번 볼까요?
ŏ-di han-bŏn bol-gga-yo?

Diamo un'occhiata?

16 빠진게 없는지 확인해보세요.
bba-jin-ge ŏp-nŭn-ji hwag-in hae-bo-se-yo.

La preghiamo di controllare se non manca nulla.

17 이렇게 작성하면 되나요?
i-rŏt-ke jak-sŏng ha-myŏn doe-na-yo?

Va bene se lo compilo così?

18 어떻게 작성해야 하나요?
ŏ-ttŏ-ke jak-sŏng hae-ya ha-na-yo?

Come devo compilarlo?

19 이 부분이 잘 이해가 안됩니다.
i bu-bun i jal i-hae ga an-doep-ni-da.

Non ho capito bene questa parte.

20 필요한 서류는 무엇인가요?
pil-yo-han sŏ-ryu nŭn mu-ŏ-shin-ga-yo?

Quali sono i documenti necessari/richiesti?

21 어느 부서로 가면 될까요?
ŏ-nŭ bu-sŏ ro ga-myŏn doel-gga-yo?

A quale dipartimento dovrei rivolgermi?

22 오늘 중으로 처리 될까요?
o-nŭl jung-ŭ-ro chŏ-ri doel-gga-yo?

Verrà elaborato entro oggi?

23 택배로 보내주세요.
tek-bae-ro bo-nae-ju-se-yo.
Per favore, lo invii tramite corriere.

24 자리에서 대기해 주세요.
ja-ri-e-sŏ dae-gi hae ju-se-yo.
La preghiamo di attendere al (suo) posto.

25 번호표를 뽑아주세요.
bŏn-ho-pyo rŭl bbob-a ju-se-yo.
Per favore, prenda un biglietto con un numero.

26 아직 차례가 아닙니다.
a-jik cha-rye ga a-nip-ni-da.
Non è ancora il suo turno.

27 온라인으로도 신청 가능합니다.
on-la-in ŭ-ro do shin-chŏng ga-nŭng-hap-ni-da.
Può inviarlo anche online.

28 내일 다시 오세요.
nae-il da-shi o-se-yo.
La preghiamo di tornare domani.

29 며칠 정도 걸릴까요?
myŏ-chil jŏng-do gŏl-lil-gga-yo?
Quanti giorni ci vorranno?

30 통역이 있나요?
tong-yŏk i it-na-yo?
Avete un interprete?

31 공증을 받아야 합니다.
gong-zŭng ŭl bad-a ya hap-ni-da.
Deve farlo autenticare da un notaio.

32 인터뷰를 해야합니다.
in-tŏ-byu rŭl hae-ya-hap-ni-da.
Deve fare un colloquio.

33 변호사가 동행해도 되나요?
byŏn-ho-sa ga dong-haeng hae-do doe-na-yo?
Può accompagnarmi un avvocato?

34 귀화를 신청하고 싶습니다.
gwi-hwa rŭl shin-chŏng ha-go-ship-ssŭp-ni-da.
Vorrei richiedere la naturalizzazione.

35 귀화 절차는 어떻게 되나요?
gwi-hwa jŏl-cha nŭn ŏ-ttŏ-ke doe-na-yo?
Qual è il processo per la naturalizzazione?

36 이중국적이 허용되나요?
i-jung guk-jŏg i hŏ-yong-doe-na-yo?
È consentita la doppia cittadinanza?

37 여권이 만료되었어요.
yŏ-ggwŏn i mal-lyo-doe-ŏt-ŏ-yo.

Il passaporto è scaduto.

38 사진이 필요합니다.
sa-jin i pil-yo-hap-ni-da.

È necessaria una foto.

39 수수료가 얼마죠?
su-su-ryo ga ŏl-ma-jyo?

A quanto ammonta la tassa?

40 검색대를 통과해야 합니다.
gŏm-saek-dae rŭl tong-gwa hae-ya hap-ni-da.

È necessario passare attraverso lo scanner.

41 소지품은 여기에 맡기세요.
so-ji-pum ŭn yŏ-gi e   mat-gi-se-yo.

Lasci qui i suoi effetti personali.

42 나가실때 찾으세요.
na-ga-shil-ttae cha-zŭ-se-yo.

Li riprenda quando se ne va.

43 함께 들어가도 되나요?
ham-gge dŭl-ŏ-ga-do doe-na-yo?

Posso entrare insieme?

44 서류가 처리되었습니다.
sŏ-ryu ga chŏ-ri doe-ŏt-ssŭp-ni-da.

I documenti sono stati elaborati.

45 승인/거절되었습니다.
sŭng-in/gŏ-jŏl doe-ŏt-ssŭp-ni-da.

Sono stati approvati/rifiutati (= negati).

46 한국에서 하시는 일이 뭐죠?
han-guk e-sŏ ha-shi-nŭn il i mwŏ-jyo?

Qual è il lavoro che svolge in Corea?

47 어디에서 일하고 계시죠?
ŏ-di e-sŏ   il-ha-go gye-shi-jyo?

Dove lavora?

48 한국에 얼마나 머무실 예정인가요?
han-gug e ŏl-ma-na mŏ-mu-shil ye-jŏng-in-ga-yo?

Quanto tempo pensa di rimanere in Corea?

49 면세한도를 초과한 물품이 있나요?
myŏn-se-han-do-rŭl cho-gwa-han mul-pum i it-na-yo?

Possiede articoli che superano il limite doganale?

50 금지된 품목이 있나요?
gŭm-ji-doen pum-mog i it-na-yo?

Possiede articoli proibiti?

51 한국 방문 목적이 어떻게 되시죠?
han-gug bang-mun mok-jŏg i ŏ-ttŏ-ke doe-shi-jyo?

Qual è lo scopo (della sua) visita in Corea?

52 한국에서는 어디에 머무르시죠?
han-guk e-sŏ nŭn ŏ-di-e mŏ mu-rŭ-shi-jyo?

Dove soggiornerà in Corea?

53 관광 목적으로 왔습니다.
gwan-gwang mok-jŏg ŭ-ro wat-ssŭp-ni-da.

Sono venuto per fare una visita turistica.

54 한국호텔에 머무릅니다.
han-guk ho-tel e mŏ-mu-rŭp-ni-da.

Alloggio all'hotel Hanguk.

55 짐은 이게 전부입니다.
jim ŭn i-ge jŏn-bu ip-ni-da.

Questi sono tutti i miei bagaglii.

56 홍대에서 공부하고 있습니다.
hong-dae e-sŏ gong-bu ha-go-it-ssŭp-ni-da.

Sto studiando a Hongdae.

57 약 6개월 머무를 예정입니다.
yak yuk-gae-wŏl mŏ-mu-rŭl ye-jŏng-ip-ni-da.

Ho intenzione di rimanere per circa 6 mesi.

58 보증인의 편지입니다.
bo-zŭng-in-ŭi pyŏn-ji ip-ni-da.

Questa è una lettera del mio garante.

59 2차 심사실로 가주세요.
i-cha shim-sa-shil ro ga-ju-se-yo.

La prego di recarsi nella sala di controllo secondario.

60 이제 다 되셨습니다.
i-je da doe-shŏt-ssŭp-ni-da.

Adesso è tutto pronto.

61 가보셔도 좋습니다.
ga-bo-shŏ-do jot-ssŭp-ni-da.

Ora può andare. / Adesso può andare.

62 즐거운 여행 되세요.
jŭl-gŏ-un yŏ-haeng doe-se-yo.

Buon viaggio.

CAPITOLO 9. TAXI

| 01 | 택시!
tek-shi! | ¡Taxi! |

| 02 | 반포까지 가주세요.
banpo gga-ji   ga-ju-se-yo. | **Per favore, vada a Banpo.** |

| 03 | 반포에 가려고 하는데요.
banpo e   ga-ryŏ-go   ha-nŭn-de-yo. | **Sto cercando di raggiungere Banpo.** |

| 04 | 주소를 보여 드릴게요.
ju-so rŭl   bo-yŏ dŭ-ril-gge-yo. | **Lasci che le mostri l'indirizzo.** |

| 05 | 이게 주소입니다.
i-ge   ju-so ip-ni-da. | **Questo è l'indirizzo** |

| 06 | 목적지가 어디죠?
mok-jŏk-ji ga ŏ-di-jyo? | **Dove si trova la destinazione?** |

| 07 | 목적지는 여기입니다.
mok-jŏk-ji nŭn yŏ-gi ip-ni-da. | **Questa è la destinazione.** |

| 08 | 여기로 가주세요.
yŏ-gi ro   ga-ju-se-yo. | **Per favore, vada qui. = Per favore, mi porti qui.** |

| 09 | 어디로 갈까요?
ŏ-di ro gal-gga-yo? | **Dove dobbiamo andare?** |

10 빨리 가주세요.
bbal-li ga-ju-se-yo.

Per favore, vada in fretta.
= Per favore, faccia in fretta.

11 빠른 길로 가주세요.
bba-rŭn gil ro ga-ju-se-yo.

Per favore, prenda la strada veloce.

12 지름길로 가주세요.
ji-rŭm-gil ro ga-ju-se-yo.

Per favore prenda la scorciatoia.

13 여기 세워주세요.
yŏ-gi se-wŏ-ju-se-yo.

Per favore si fermi qui. = Per favore accosti qui.

14 여기 내릴게요.
yŏ-gi nae-ril-gge-yo.

Scenderò qui.

15 수고하세요.
su-go-ha-se-yo.

Continui così. = Grazie.

16 내비를 따라 가주세요.
ne-bi rŭl tta-ra ga-ju-se-yo.

Per favore, seguite il navigatore.

17 돌아가는 것 같은데요.
dol-a-ga-nŭn gŏt gat-ŭn-de-yo.

Penso che stiamo prendendo una strada circolare.

18 이 길이 아닙니다.
i gil i a-nip-ni-da.

Non è da questa parte.

19 이쪽으로 가면 안돼요.
i-jjog ŭ-ro ga-myŏn an-doe-yo.

Non dovrebbe andare da questa parte.

20 카드로 계산할게요.
ka-dŭ ro gye-san-hal-gge-yo.

Pagherò con la carta di credito.

21 현금이 없어요.
hyŏn-gŭm i ŏp-ssŏ-yo.

Non ho contanti.

22 요금이 너무 많이 나왔어요.
yo-gŭm i nŏ-mu man-i na-wa-ssŏ-yo.

La tariffa è troppo alta. = Mi fa pagare troppo.

23 경찰서로 갑시다.
gyŏng-chal-sŏ ro gap-shi-da.

Andiamo alla stazione di polizia.

24 이건 아니죠.
i-gŏn a-ni-jyo.

Questo non è giusto.

25 외국인이라고 바가지 씌우면 안돼요.
oe-gug-in i-ra-go ba-ga-ji ssi-u-myŏn an-doe-yo.

Non dovrebbe fregarmi perché sono uno straniero.

26 직진 해주세요.
jik-jin hae-ju-se-yo.

Per favore, vada dritto.

27 계속 가주세요.
gye-sok ga-ju-se-yo.

La prego, continui.

28 좌회전/우회전 해주세요.
jwa-hoe-jŏn/u-hoe-jŏn hae-ju-se-yo.

Giri a sinistra/gira a destra, per favore.

29 여기서/저기서 직진 해주세요.
yŏ-gi-sŏ/jŏ-gi-sŏ jik-jin/u-hoe-jŏn hae-ju-se-yo.

Vada dritto qui, per favore.

30 이번/다음 신호등에서 유턴 해주세요.
i-bŏn / da-ŭm shin-ho-dŭng e-sŏ yu-tŏn hae-ju-se-yo.

Faccia un'inversione a U a questo/all'altro semaforo, per favore.

31 이번/다음 골목으로 들어가 주세요.
i-bŏn / da-ŭm gol-mog ŭ-ro dŭl-ŏ-ga ju-se-yo.

Vada in questo/nel prossimo vicolo, per favore.

32 지나쳤어요.
ji-na-chyŏ-ssŏ-yo.

L'ha superato.

33 너무 많이 왔어요.
nŏ-mu man-i wa-ssŏ-yo.

Ha esagerato.

34 여기가 아닌데요.
yŏ-gi ga a-nin-de-yo.

Questo non è (il luogo/la destinazione).

35 아까 거기로 돌아가 주세요.
a-gga gŏ-gi ro dol-a-ga ju-se-yo.

Per favore, torni al punto in cui eravamo prima.

36 목적지가 바뀌었어요.
mok-jŏk-ji ga ba-ggwi-ŏ-ssŏ-yo.

La destinazione è stata cambiata.

37 통역을 부탁합니다.
tong-yŏg ŭl bu-tak-hap-ni-da.
Vorrei un traduttore, per favore.

38 영수증을 주세요.
yŏng-su-zŭng ŭl ju-se-yo.
Per favore, mi dia la ricevuta.

39 신고 할거예요.
shin-go hal-gŏ-ye-yo.
La denuncerò.

40 트렁크 좀 열어주세요.
tŭ-rŏng-kŭ jom yŏl-ŏ-ju-se-yo.
Potrebbe aprirmi il bagagliaio, per favore?

41 트렁크에 짐 좀 넣을게요.
tŭ-rŏn-kŭ e jim jom nŏ-ŭl-gge-yo.
Metterò dei bagagli nel bagagliaio.

42 요금이 정해져 있나요?
yo-gŭm i jŏng-hae-jyŏ it-na-yo?
La tariffa è fissa/predefinita? = È una tariffa fissa?

43 미터기로 갑니다.
mi-tŏ-gi ro gap-ni-da.
Viene addebitata dal tassametro.

44 열시 까지 도착할 수 있을까요?
yŏl-shi gga-ji do-chak-hal su i-ssŭl-gga-yo?
Possiamo arrivare per le 10?

45 고속도로를 타주세요.
go-sok-do-ro rŭl ta-ju-se-yo.
Per favore, prenda l'autostrada.

46 추가 요금이 있습니다.
chu-ga yo-gŭm i it-ssŭp-ni-da.
C'è un costo aggiuntivo.

47 창문 좀 열어주세요.
chang-mun jom yŏl-ŏ-ju-se-yo.
Per favore apra il finestrino.

48 창문 좀 닫아주세요.
chang-mun jom dad-a-ju-se-yo.
Per favore chiuda il finestrino.

49 잔돈은 괜찮습니다.
jan-don-ŭn goen-chan-sŭp-ni-da.
Tenga il resto.

50 여기 왼쪽/오른쪽.
yŏ-gi oen-jjog/o-rŭn-jjog-i-yo.
Qui (Sulla) sinistra/destra.

51 내릴게요.
nae-ril-gge-yo.

Scendo.

52 택시 좀 불러주세요.
tek-shi jom bul-lŏ-ju-se-yo.

Per favore, mi chiami un taxi.

53 이 주소로 가주세요.
i ju-so ro ga-ju-se-yo.

Si rechi a questo indirizzo, per favore.

54 트렁크에 가방 좀 넣어주세요.
tŭ-rŏn-kŭ e ga-bang jom nŏ-ŏ-ju-se-yo.

Per favore, metta la borsa nel bagagliaio.

55 이태원까지는 얼마 나올까요?
i-tae-wŏn gga-ji nŭn ŏl-ma na-ol-gga-yo?

Quanto costerebbe arrivare a Itaewon?

56 좀 바쁩니다.
jom ba-bbŭp-ni-da.

Ho un po' di fretta.

57 택시는 어디에서 타나요?
tek-shi-nŭn ŏ-di-e-sŏ ta-na-yo?

Dove posso trovare un taxi?

58 택시 번호를 가지고 계세요?
tek-shi bŏn-ho rŭl ga-ji-go gye-se-yo?

Ha il numero del taxi?

59 다 왔나요?
da wat-na-yo?

Siamo arrivati?

60 이태원으로 데리러 올 수 있나요?
i-tae-wŏn ŭ-ro de-ri-rŏ ol su it-na-yo?

Potrebbe venire a prendermi a Itaewon?

61 가는 중입니다.
ga-nŭn jung-ip-ni-da.

Sto arrivando.

62 여기서 기다려 주실 수 있나요?
yŏ-gi-sŏ gi-da-ryŏ ju-shil su it-na-yo?

Può aspettarmi qui, per favore?

63 미터기가 작동하고 있나요?
mi-tŏ-gi ga jak-dong ha-go it-na-yo?

Il tassametro funziona?

64 미터기를 켜 주세요.
mi-tŏ-gi rŭl kyŏ ju-se-yo.

Per favore, accenda il tassametro.

65 천천히 말해주세요.
chŏn-chŏn hi mal-hae-ju-se-yo.

Per favore, parli lentamente.

66 백화점에서 내려주세요.
bae-kwa-jŏ-m-e-sŏ nae-ryŏ-ju-se-yo.

Per favore, mi accompagni ai grandi magazzini.

67 천천히 가주세요.
chŏn-chŏn-hi ga-ju-se-yo.

La prego di guidare lentamente.

68 에어컨을 켜주세요/꺼주세요.
e-ŏ-kŏn ŭl kyŏ-ju-se-yo/ggŏ-ju-se-yo.

Per favore accenda/spenga il condizionatore.

69 방향을 저쪽으로 바꿔주세요.
bang-hyang ŭl jŏ-jjog ŭ-ro ba-ggwŏ-ju-se-yo.

Per favore, cambi la direzione in quel senso.

70 편의점에 들렀다가 갈게요.
pyŏn-ŭi-jŏm e dŭl-lŏt-da-ga gal-gge-yo.

Devo fermarmi al supermercato.

CAPITOLO 10. METROPOLITANA/METRO

01	지하철역이 어디죠? ji-ha-chŏl yŏg i ŏ-di-jyo?	**Dov'è la stazione della metropolitana?**
02	지하철 노선도가 있나요? ji-ha-chŏl no-sŏn-do ga it-na-yo?	**Ha una mappa della metropolitana?**
03	지하철 노선을 잘 몰라요. ji-ha-chŏl no-sŏn ŭl jal mol-la-yo.	**Non conosco molto bene le linee della metropolitana.**
04	인천까지 가려면 몇호선을 타야 하나요? in-chŏn gga-ji ga-ryŏ-myŏn myŏt ho-sŏn ŭl ta-ya ha-na-yo?	**Che numero devo prendere per arrivare a Incheon?**
05	1호선을 타세요. il ho-sŏn ŭl ta-se-yo.	**Prenda la linea numero 1.**
06	어느 역에서 내려야 하나요? ŏ-nŭ yŏg e-sŏ nae-ri-myŏn doe-na-yo?	**Da quale stazione devo scendere?**
07	제가 맞게 탔나요? je ga mat-ge tat-na-yo?	**Sono sul treno giusto?**
08	개찰구는 어디인가요? gae-chal-gu nŭn ŏ-di-in-ga-yo?	**Dov'è il cancello/tornello del biglietto?**
09	어떻게 계산하나요? ŏ-ttŏ-ke gye-san ha-na-yo?	**Come posso pagare?**

10 지하철표는 어디서 사나요?
ji-ha-chŏl-pyo nŭn ŏ-di-sŏ   sa-na-yo?

Dove posso acquistare il biglietto della metropolitana?

11 잘못 탄 것 같아요.
jal-mot tan gŏt gat-a-yo.

Penso di essere salito sul treno sbagliato.

12 반대 방향으로 가는 것 같아요.
ban-dae bang-hyang ŭ-ro ga-nŭn gŏt gat-a-yo.

Penso che vada nella direzione opposta.

13 어느 쪽으로 내리나요?
ŏ-nŭ jjog ŭ-ro nae-ri-na-yo?

In quale direzione devo scendere?

14 출구가 어디죠?
chul-gu ga ŏ-di-jyo?

Dove si trova l'uscita?

15 몇 번 출구로 나가야 하나요?
myŏt bŏn chul-gu-ro na-ga-ya ha-na-yo?

A quale uscita devo scendere?

16 몇 정거장 가야 하나요?
myŏt jŏng-gŏ-jang ga-ya ha-na-yo?

In quante stazioni (= fermate) devo andare?

17 이 방향이 맞나요?
i bang-hyang i mat-na-yo?

È la direzione giusta?
= È questa la direzione giusta?

18 어디서 내리세요?
ŏ-di-sŏ   nae-ri-se-yo?

Dove si scende?

19 어디서 내려야 하나요?
ŏ-di-sŏ   nae-ryŏ-ya ha-na-yo?

Dove devo scendere?

20 여기서 내리면 되나요?
yŏ-gi-sŏ   nae-ri-myŏn doe-na-yo?

Posso scendere qui? = Questa è la mia fermata?

21 이번/다음 역에서 내리세요.
i-bŏn/da-ŭm   yŏg e-sŏ   nae-ri-se-yo.

Scenda a questa/alla prossima stazione.

22 환승해야합니다.
hwan-sŭng hae-ya-hap-ni-da.

Deve effettuare un trasferimento.

23 환승 하려면 어디로 가나요?
hwan-sŭng ha-ryŏ-myŏn ŏ-di-ro ga-na-yo?

Dove devo andare per effettuare un trasferimento?

24 5호선으로 환승 해야 합니다.
o ho-sŏn ŭ-ro   hwan-sŭng hae-ya hap-ni-da.

Devi effettuare un trasferimento nella linea numero 5.

25 지하철 카드는 어디에서 사나요?
ji-ha-chŏl ka-dŭ nŭn   ŏ-di-e-sŏ   sa-na-yo?

Dove posso acquistare la tessera della metropolitana?

26 여기서 타면 되나요?
yŏ-gi-sŏ ta-myŏn doe-na-yo?

Devo prendere (il treno) qui?

27 줄 서세요.
jul   sŏ-se-yo.

Per favore, si metta in fila.

28 새치기 하지 마세요.
sae-chi-gi   ha-ji ma-se-yo.

Non salti la fila, per favore.

29 발을 밟아서 죄송합니다.
bal ŭl   bal-ba-sŏ joe-song-hap-ni-da.

Mi dispiace di averle pestato il piede.

30 발을 밟지 마세요.
bal-ŭl bal-jji ma-se-yo.

Per favore non pesti il mio piede.

31 자리 좀 만들어 주세요.
ja-ri   jom man-dŭl-ŏ ju-se-yo.

Faccia un po' di spazio, per favore.

32 다리를 너무 벌리지 마세요.
da-ri rŭl nŏ-mu bŏl-li-ji   ma-se-yo.

Non allarghi troppo le gambe.

33 여성 전용 칸 입니다.
yŏ-sŏng jŏn-yong kan ip-ni-da.

È una carrozza "solo per donne".

34 노약자석입니다.
no-yak-ja sŏg ip-ni-da.

È un posto riservato ad anziani e disabili.

35 여기 앉으세요.
yŏ-gi   an-zŭ-se-yo.

Si sieda qui, per favore.

36 저는 서서 가도 됩니다
jŏ nŭn sŏ-sŏ   ga-do doep-ni-da.

Non mi dispiace stare in piedi.

37 양보해 주셔서 감사합니다.
yang-bo hae ju-shŏ-sŏ gam-sa-hap-ni-da.

Grazie per l'offerta.

38 물론이죠.
mul-lo-ni-jyo.

Non c'è di che.

39 다리가 많이 아파요.
da-ri ga man-i a-pa-yo.

Mi fanno molto male le gambe.

40 손잡이를 잡으세요.
son-jab-i rŭl jab-ŭ-se-yo.

Afferri la maniglia.

41 카드 좀 충전 해주세요.
ka-dŭ jom chung-jŏn hae-ju-se-yo.

La prego di ricaricare la mia carta.

42 카드 충전 되나요?
ka-dŭ chung-jŏn doe-na-yo?

Posso ricaricare la mia carta?

43 어디서 갈아타야 하나요?
ŏ-di-sŏ gal-a-ta-ya ha-na-yo?

Dove posso effettuare un trasferimento?

44 시청에서 갈아타세요.
shi-chŏng e-sŏ gal-a-ta-se-yo.

Effettui un trasferimento al Municipio.

45 매표소가 어디죠?
mae-pyo-so ga ŏ-di-jyo?

Dove si trova la biglietteria?

46 공항까지 가는데 얼마죠?
gong-hang gga-ji ga-nŭn-de ŏl-ma-jyo?

Quanto costa arrivare in aeroporto?

47 몇시가 막차인가요?
myŏ-sshi ga mak-cha in-ga-yo?

A che ora passa l'ultimo treno?

48 반대 방향으로 건널 수 있나요?
ban-dae bang-hyang ŭ-ro gŏn-nŏl su it-na-yo?

Posso passare dal lato opposto?

49 얼마나 충전 해 드릴까요?
ŏl-ma-na chung-jŏn hae dŭ-ril-gga-yo?

Quanto desidera ricaricare?

50 만원 어치 충전 해주세요.
ma-nwŏn ŏ-chi chung-jŏn hae-ju-se-yo.

Ricarichi 10.000 won, per favore.

51 이번/다음 역은 여의도역 입니다.
i-bŏn / da-ŭm yŏg ŭn yŏ-ŭi-do yŏg ip-ni-da.

Questa/La prossima stazione è la stazione di Yeouido.

52 열차가 들어오고 있습니다.
yŏl-cha ga dŭl-ŏ-o-go it-ssŭp-ni-da.

Il treno si sta avvicinando.

53 여기서 가장 가까운 역은 어디죠?
yŏ-gi-sŏ ga-jang ga-gga-un yŏg ŭn ŏ-di-jyo?

Dove si trova la stazione più vicina da qui?

54 이 근처에 지하철역이 있나요?
i gŭn-chŏ e ji-ha-chŏl yŏg i it-na-yo?

C'è una stazione della metropolitana qui vicino?

55 학생/노인 요금은 얼마죠?
hak-saeng/no-in yo-gŭm ŭn ŏl-ma-jyo?

Quanto costa il biglietto per uno studente/un cittadino anziano?

56 갈아 타야 하나요?
gal-a ta-ya ha-na-yo?

Devo effettuare un trasferimento?

57 일회용/하루용/일주일용 카드가 있나요?
il-hoe-yong/ha-ru-yong/il-ju-il-lyong ka-dŭ ga it-na-yo?

Ha una carta una tantum/giornaliera/settimanale?

58 다음 열차는 몇시에 도착하나요?
da-ŭm yŏl-cha nŭn myŏ-sshi e do-chak-ha-na-yo?

A che ora arriva il prossimo treno?

59 급행 열차입니다.
gŭp-haeng yŏl-cha ip-ni-da.

È un treno espresso.

60 이 열차는 역마다 정차하나요?
i yŏl-cha nŭn yŏg-ma-da jŏng-cha-ha-na-yo?

Questo treno si ferma in ogni stazione?

61 김포까지 멈추지 않고 갑니다.
gim-po gga-ji mŏm-chu-ji an-ko gap-ni-da.

Va a Gimpo senza fermarsi.

62 열차가 왜 이렇게 늦죠?
yŏl-cha ga oe i-rŏt-ke nŭt-jyo?

Perché il treno è in ritardo?

63 열차가 곧 출발합니다.
yŏl-cha ga got chul-bal hap-ni-da.

Il treno parte tra poco.

64 이번 역에서 10분간 정차합니다.
i-bŏn yŏg e-sŏ   ship-bun-gan jŏng-cha-hap-ni-da.

Ci fermeremo per 10 minuti in questa stazione.

65 분실물 센터는 어디인가요?
bun-shil-mul sen-tŏ nŭn ŏ-di-in-ga-yo?

Dov'è il "centro oggetti smarriti"?

66 역무원을 불러주세요.
yŏg-mu-wŏn ŭl bul-lŏ-ju-se-yo.

Per favore, mi chiami il personale della stazione.

67 역무원은 어디 있나요?
yŏg-mu-wŏn ŭn ŏ-di it-na-yo?

Dov'è il personale della stazione?

CAPITOLO 11. IN HOTEL

01 로비는 어디죠?
lo-bi nŭn ŏ-di-jyo?
Dov'è la lobby?

02 프론트 데스크는 어디인가요?
pŭ-ron-tŭ de-sŭ-kŭ nŭn ŏ-di-n-ga-yo?
Dov'è la reception?

03 체크인은 어디에서 하나요?
he-kŭ-in ŭn ŏ-di e-sŏ ha-na-yo?
Dove posso effettuare il check-in?

04 짐을 들어드릴까요?
jim-ŭl dŭl-ŏ-dŭ-ril-gga-yo?
Ha bisogno di aiuto con i bagagli?

05 트렁크에서 짐을 내려주세요.
tŭ-rŏn-kŭ e-sŏ jim ŭl nae-ryŏ-ju-se-yo.
Per favore, scarichi i bagagli dal bagagliaio.

06 주차는 어디에 하나요?
ju-cha nŭn ŏ-di e ha-na-yo?
Dove posso parcheggiare?

07 발렛 파킹을 하고 싶은데요.
bal-let-pa-king ŭl ha-go ship-ŭn-de-yo.
Vorrei utilizzare i parcheggiatori/servizi.

08 투숙객 입니다.
tu-suk-gaek ip-ni-da.
Sono un ospite.

09 체크인을 하려고 합니다.
che-kŭ-in-ŭl ha-ryŏ-go hap-ni-da.
Vorrei fare il check-in.

10 예약을 했어요.
ye-yag ŭl hae-ssŏ-yo.

Ho prenotato.

11 예약 번호를 알려주시겠어요?
ye-yak bŏn-ho rŭl al-lyŏ-ju-shi-get-ssŏ-yo?

Può dirmi il numero della prenotazione?

12 예약 번호는 12345입니다.
ye-yak bŏn-ho nŭn il-i-sam-sa-o ip-ni-da.

Il numero della prenotazione è 12345.

13 예약 번호가 생각이 안나네요.
ye-yak bŏn-ho ga saeng-gag i an-na-ne-yo.

Non ricordo il numero della prenotazione.

14 대신, 이름을 알려드려도될까요?
dae-shin, i-rŭm ŭl al-lyŏ-dŭ-ryŏ-do doel-gga-yo?

Posso dirle il nome, invece?

15 여권을 보여주세요.
yŏ-ggwon ŭl bo-yŏ-ju-se-yo.

Per favore, mi mostri il passaporto.

16 신용카드가 필요합니다.
shin-yong-ka-dŭ ga pil-yo-hap-ni-da.

Ho bisogno della sua carta di credito.

17 예치금을 내야 합니다.
ye-chi-gŭm ŭl nae-ya hap-ni-da.

Deve pagare una caparra.

18 현금으로 계산할게요.
hyŏn-gŭm ŭ-ro gye-san hal-gge-yo.

Pagherò in contanti.

19 체크아웃 할 때 신용카드로 낼게요.
che-kŭ-a-ut   hal ttae shin-yong-ka-dŭ ro nael-gge-yo.

Pagherò con carta di credito al momento del check out.

20 짐이 많아요.
jim i   man-a-yo.

Ho molti bagagli.

21 예약이 확인되지 않습니다.
ye-yag i   hwag-in doe-ji an-sŭp-ni-da.

Non riesco a trovare la prenotazione.

22 예약이 없나요?
ye-yag i   ŏp-na-yo?

Non ha la prenotazione?

23 다른 이름으로 찾아봐주세요.
da-rŭn   i-rŭm ŭ-ro   cha-ja-bwa-ju-se-yo.

Potrebbe cercarla con un nome diverso?

24 어느 날짜로 예약하셨죠?
ŏ-nŭ   nal-jja ro   ye-yak ha-shŏt-jyo?

Per quale data ha effettuato la prenotazione?

25 여행사를 통해서 예약하셨나요?
yŏ-haeng-sa rŭl tong-hae-sŏ ye-yak ha-shŏt-na-yo?

Ha effettuato la prenotazione tramite un'agenzia di viaggi?

26 예약하신 신용카드를 주세요.
ye-yak-ha-shin shin-yong-ka-dŭ rŭl ju-se-yo.

Mi può dare la carta di credito con cui ha effettuato la prenotazione?

27 인터넷으로 예약하셨나요?
in-tŏ-ne sŭ-ro   ye-yak ha-shŏt-na-yo?

Ha effettuato la prenotazione tramite Internet?

28 멤버쉽이 있으신가요?
mem-bŏ-shib i i-ssŭ-shin-ga-yo?

Avete un'iscrizione?

29 멤버쉽 카드 여기 있습니다.
mem-bŏ-ship ka-dŭ yŏ-gi it-ssŭp-ni-da.

Ecco la tessera associativa.

30 업그레이드 가능한가요?
ŏp-gŭ-re-i-dŭ   ga-nŭng-han-ga-yo?

È possibile effettuare un upgrade?

31 오늘은 만실입니다.
o-nŭl ŭn man-shil ip-ni-da.

Oggi siamo al completo.

32 업그레이드 가능합니다.
ŏp-gŭ-re-i-dŭ   ga-nŭng-hap-ni-da.

L'upgrade è possibile.

33 체크아웃은 몇시인가요?
che-kŭ-a-u sŭn myŏ-sshi in-ga-yo?

A che ora è il check out?

34 조금 늦게 체크아웃 해도 되나요?
jo-gŭm nŭt-ge che-kŭ-a-ut   hae-do doe-na-yo?

Posso effettuare il check-out un po' più tardi?

35 몇시까지 체크아웃 할 수 있나요?
myŏ-sshi gga-ji che-kŭ-a-ut   hal su it-na-yo?

A che ora posso effettuare il check-out al più tardi?

36 두명이 투숙합니다.
du-myŏng i tu-suk-hap-ni-da.
Soggiorneranno 2 persone.

37 한명 더 투숙합니다.
han-myŏng dŏ tu-suk-hap-ni-da.
Soggiornerà 1 persona in più.

38 추가 요금이 있나요?
chu-ga yo-gŭm i it-na-yo?
C'è un costo aggiuntivo?

39 추가 요금이 있습니다.
chu-ga yo-gŭm i it-ssŭp-ni-da.
C'è un costo aggiuntivo.

40 엘레베이터는 어디인가요?
el-le-be-i-tŏ nŭn ŏ-di-in-ga-yo?
Dov'è l'ascensore?

41 방까지 어떻게 가죠?
bang gga-ji ŏ-ttŏ-ke ga-jyo?
Come si arriva alla camera?

42 짐을 먼저 방에 넣어 주세요.
jim ŭl mŏn-jŏ bang e nŏ-ŏ ju-se-yo.
Per favore, innanzitutto metta i bagagli in camera.

43 팁은 받지 않습니다.
tib ŭn bat-ji an-ssŭp-ni-da.
Non accettiamo mance.

44 예약을 하고 싶습니다.
ye-yag ŭl ha-go ship-sŭp-ni-da.
Vorrei fare una prenotazione.

45 싱글/더블 베드로 주세요.
sing-gŭl/dŏ-bŭl be-dŭ ro hae ju-se-yo.
Mi dia un letto singolo/doppio, per favore.

46 아이가 있습니다.
a-i ga it-ssŭp-ni-da.
Ho un bambino.

47 몇 명이세요?
myŏt myŏng i-se-yo?
Quante persone?

48 한명/두명/세명 입니다.
han-myŏng/du-myŏng/se-myŏng ip-ni-da.
1/2/3 persone/persone.

49 연결된 방이 있나요?
yŏn-gyŏl-doen bang i it-na-yo?
Avete camere comunicanti/adiacenti?

50 뷰가 좋은 방을 부탁드립니다.
byu ga jo-ŭn bang ŭl bu-tak-dŭ-rip-ni-da.
Per favore, mi dia una camera con una bella vista.

51 주차장은 어디죠?
ju-cha-jang ŭn ŏ-di-jyo?
Dov'è il parcheggio?

52 얼마나 머무실 예정이세요?
ŏl-ma-na mŏ-mu-shil ye-jŏng-i-se-yo?
Quanto tempo pensate di fermarvi?

53 2박 3일이요.
i-bak sam-il i-yo.
3 giorni e 2 notti.

54 예치금이 얼마죠?
ye-chi-gŭm i ŏl-ma-jyo?
Quant'è la caparra?

55 어떻게 결제하시겠어요?
ŏ-ttŏ-ke gyŏl-je ha-shi-get-ssŏ-yo?
Come vorrebbe effettuare il pagamento?

56 체크인은 몇시죠?
che-kŭ-in ŭn myŏ-sshi-jyo?
A che ora è il check-in?

57 방이 아직 준비되지 않았습니다.
bang i a-jik jun-bi doe-ji an-a-ssŭp-ni-da.
La camera non è ancora pronta.

58 방이 준비되면 연락주세요.
bang i jun-bi doe-myŏn yŏl-lak-ju-se-yo.
La prego di chiamarmi quando la camera è pronta.

59 방이 준비되었습니다.
bang i jun-bi doe-ŏ-ssŭp-ni-da.
La camera è pronta.

60 여기 룸키입니다.
yŏ-gi rum-ki ip-ni-da.
Ecco la chiave della camera.

61 룸키 하나 더 주세요.
rum-ki ha-na dŏ ju-se-yo.
Mi dia un'altra chiave della stanza, per favore.

62 방 번호는 100 입니다.
bang bŏn-ho nŭn baek ip-ni-da.
Il numero della stanza è 100.

63 제 방은 몇 층인가요?
je bang ŭn myŏt chŭng in-ga-yo?
A che piano è la mia stanza?

64 방까지 안내 해주세요.
bang gga-ji an-nae hae-ju-se-yo.

Per favore, mi accompagni alla stanza.

65 짐을 여기에 맡겨도 되나요?
jim-ŭl yŏ-gi e   mat-gyŏ-do doe-na-yo?

Posso lasciare qui i bagagli?

66 성이 어떻게 되시죠?
sŏng i ŏ-ttŏ-ke doe-shi-jyo?

Qual è il cognome?

67 성함 스펠링을 알려주세요.
sŏng-ham sŭ-pel-ling ŭl al-lyŏ-ju-se-yo.

Può dirmi come si scrive il nome?

68 체크아웃 하겠습니다.
che-kŭ-a-ut ha-get-ssŭp-ni-da.

Vado a fare il check-out.

69 불편한 건 없으셨나요?
bul-pyŏn-han gŏn ŏp-ssŭ-shŏt-na-yo?

È andato tutto bene con il vostro soggiorno?

70 편안한 숙박 되셨나요?
pyŏn-an-han suk-bak doe-shŏt-na-yo?

È andato tutto al meglio con il vostro soggiorno?

71 방에 지갑을/여권을 놓고 왔어요.
bang e ji-gab ŭl/yŏ-ggwŏn ŭl no-ko wa-ssŏ-yo.

Ho lasciato il portafoglio/passaporto in camera.

72 룸서비스 입니다.
rum-sŏ-bi-sŭ ip-ni-da.

È il servizio in camera.

73 식사를 주문하고 싶은데요.
shik-sa rŭl ju-mun ha-go ship-ŭn-de-yo.

Vorrei ordinare un pasto.

74 몇시까지 주문 가능한가요?
myŏ-sshi gga-ji ju-mun ga-nŭng-han-ga-yo?

Quali sono le ultime novità che posso ordinare?

75 룸 차지로 해주세요.
rum cha-ji ro hae-ju-se-yo.

Lo metta in conto alla mia stanza, per favore.

76 서명 부탁드립니다.
sŏ-myŏng bu-tak-dŭ-rip-ni-da.

Posso avere la sua firma, per favore?

77 얼음을 더 갖다주세요.
ŏl-ŭm ŭl dŏ gat-da-ju-se-yo.

Mi porti dell'altro ghiaccio, per favore.

78 얼음은 어디에 있나요?
ŏl-ŭm ŭn ŏ-di e it-na-yo?

Dov'è il ghiaccio?

79 부엌이 있나요?
bu-ŏk i it-na-yo?

C'è una cucina?

80 취사해도 되나요?
chwi-sa hae-do doe-na-yo?

Posso cucinare?

81 지배인을 불러주세요.
ji-bae-in ŭl bul-lŏ-ju-se-yo.

Mi passi il direttore, per favore.

82 시트를 교체해 주세요.
shi-tŭ rŭl gyo-che hae ju-se-yo.

Per favore, cambi le lenzuola.

83 방 청소를 해 주세요.
bang chŏng-so rŭl hae-ju-se-yo.

Per favore, pulisca/ordini la stanza.

84 청소가 안 되어 있어요.
chŏng-so ga an doe-ŏ i-ssŏ-yo.

Non è stata pulita/ordinata.

85 예약을 안 했는데, 방 있나요?
ye-yag ŭl an haet-nŭn-de, bang it-na-yo?

Non ho prenotato, ma avete una camera?

86 더 저렴한 방은 없나요?
dŏ jŏ-ryŏm-han bang ŭn ŏp-na-yo?

Non avete una camera più economica?

87 방을 볼 수 있나요?
bang ŭl bol su it-na-yo?

Posso vedere la camera?

88 조식이 포함되어 있나요?
jo-shig i po-ham doe-ŏ it-na-yo?

La colazione è inclusa?

89 에어컨이 고장 났습니다.
e-ŏ-kŏn i go-jang na-ssŭp-ni-da.

L'aria condizionata non funziona.

90 베개가 없습니다.
be-gae ga ŏp-ssŭp-ni-da.

Non c'è il cuscino.

91 더운 물이 안 나와요.
dŏ-un mul i an na-wa-yo.

Non c'è acqua calda.

92 7시에 깨워주세요.
il-gop shi e ggae-wŏ-ju-se-yo.

Per favore, mi svegli alle 7.

93 짐을 잠시 보관 해주세요.
jim ŭl jam-shi bo-gwan hae-ju-se-yo.

Tenga i bagagli per un altro po' di tempo, per favore.

94 룸키를 잃어버렸어요.
rum-ki rŭl il-ŏ-bŏ-ryŏ-ssŏ-yo.

Ho perso la chiave della stanza.

95 시내 지도 있나요?
shi-nae ji-do it-na-yo?

Ha una mappa della città?

96 하루 더 있겠습니다.
ha-ru dŏ it-get-ssŭp-ni-da.

Vorrei rimanere qui un altro giorno.

97 하루 더 묵을 수 있나요?
ha-ru dŏ mug-ŭl su it-na-yo?

Posso rimanere un altro giorno?

98 택시를 불러 주세요.
tek-shi rŭl bul-lŏ ju-se-yo.

Per favore, mi chiami un taxi.

CAPITOLO 12. INDICAZIONI

01 길을 잃었어요.
gil ŭl il-ŏ-ssŏ-yo.

Ho perso l'orientamento. = Mi sono perso.

02 길을 잃은 것 같아요.
gil ŭl il-ŭn gŏt gat-a-yo.

Penso di aver perso l'orientamento.
= Penso di essermi perso.

03 여기가 어디죠?
yŏ-gi ga ŏ-di-jyo?

Dove mi trovo?

04 제가 지금 어디에 있죠?
je ga ji-gŭm ŏ-di e it-jyo?

Dove mi trovo adesso?

05 실례합니다. 길 좀 여쭤볼게요.
shil-lye-hap-ni-da. gil jom yŏ-jjwŏ-bol-gge-yo.

Mi scusi, mi permetta di chiederle qualche indicazione.

06 길 좀 알려주시겠어요?
gil jom al-lyŏ-ju-shi-get-ssŏ-yo?

Potrebbe darmi qualche indicazione, per favore?

07 홍대까지 어떻게 가나요?
hong-dae gga-ji ŏ-ttŏ-ke ga-na-yo?

Come arrivo a Hongdae?

08 거리 이름이 뭐죠?
gŏ-ri i-rŭm i mwŏ-jyo?

Come si chiama la strada?

09 이/저 빌딩 이름이 뭐죠?
i / jŏ bil-ding i-rŭm i mwŏ-jyo?

Come si chiama questo/quell'edificio?

10 걸어서 갈 수 있나요?
gŏl-ŏ-sŏ gal   su it-na-yo?

Posso andare a piedi? = È raggiungibile a piedi?

11 걸어서 얼마나 걸릴까요?
gŏl-ŏ-sŏ ŏl-ma-na gŏl-lil-gga-yo?

Quanto tempo ci vorrebbe a piedi?

12 20분/한시간 정도 걸립니다.
i-ship bun/han shi-gan jŏng-do gŏl-lip-ni-da.

Ci vogliono circa 20 minuti / 1 ora (o più).

13 걸어서 가기에는 너무 멀어요.
gŏl-ŏ-sŏ ga-gi-e nŭn   nŏ-mu mŏl-ŏ-yo.

È troppo lontano per andarci a piedi.

14 가까운 거리예요.
ga-gga-un gŏ-ri ye-yo.

È vicino.

15 아주 가까워요/멀어요.
a-ju ga-gga-wŏ-yo / mŏl-ŏ-yo.

È molto vicino / lontano.

16 직진하세요.
jik-jin ha-se-yo.

Vada dritto.

17 이쪽으로 쭉 가세요.
i jjok ŭ-ro   jjuk ga-se-yo.

Continui da questa parte.

18 이 방향으로 계속 가세요.
i bang-hyang ŭ-ro gye-sok ga-se-yo.

Continui in questa direzione.

19 이쪽으로/저쪽으로 가야 하나요?
i jjog ŭ-ro /   jŏ jjog ŭ-ro   ga-ya ha-na-yo?

Devo andare di qua/di là?

20 세블럭 후 왼쪽/오른쪽입니다.
se-bŭl-lŏk hu oen-jjog/o-rŭn-jjog ip-ni-da.

Dopo 3 isolati, è a sinistra/destra.

21 지하철 말고 다른 방법은 없나요?
ji-ha-chŏl mal-go da-rŭn bang-bŏb ŭn ŏp-na-yo?

Non c'è un'altra strada oltre alla metropolitana?

22 근처에 화장실이 있나요?
gŭn-chŏ-e hwa-jang-shil i it-na-yo?

C'è un bagno nelle vicinanze?

23 홍대가는 법 좀 알려주세요.
hong-dae ga-nŭn bŏp jom al-lyŏ-ju-se-yo.
Per favore, mi dica come arrivare a Hongdae.

24 홍대까지 가는 길을 알고 싶어요.
hong-dae gga-ji ga-nŭn gil ŭl al-go ship-ŏ-yo.
Vorrei sapere le indicazioni per arrivare a Hongdae.

25 왼쪽으로/오른쪽으로 가세요.
oen-jjog ŭ-ro/o-rŭn-jjog ŭ-ro ga-se-yo.
Vada a sinistra/destra.

26 이쪽입니다/저쪽입니다.
i jjog ip-ni-da / jŏ jjog ip-ni-da.
È da questa parte/da quella parte.

27 바로 근처예요.
ba-ro gŭn-chŏ-ye-yo.
È proprio qui vicino.

28 여기/저기 있네요.
yŏ-gi / jŏ-gi it-ne-yo.
Ecco, è qui.

29 길을 따라 내려가세요.
gil ŭl tta-ra nae-ryŏ-ga-se-yo.
Percorra la strada.

30 우체국 지나서 있어요.
u-che-gug ji-na-sŏ i-ssŏ-yo.
È dopo l'ufficio postale.

31 도와주셔서 감사합니다.
do-wa-ju-shŏ-sŏ gam-sa-hap-ni-da.
Grazie per avermi aiutato.
= Apprezzo il tuo aiuto.

32 첫째/둘째 골목으로 들어가세요.
chŏt-jjae/dul-jjae gol-mog ŭ-ro dŭl-ŏ-ga-se-yo.
Svolti nel primo/secondo vicolo.

33 우체국 맞은편에 있어요.
u-che-guk ma-zŭn-pyŏn e i-ssŏ-yo.
È di fronte all'ufficio postale.

34 우체국 바로 뒤에 있어요.
u-che-guk ba-ro dwi-e i-ssŏ-yo.
È proprio dietro l'ufficio postale.

35 우체국 바로 옆에 있어요.
u-che-guk ba-ro yŏp-e i-ssŏ-yo.
È proprio accanto all'ufficio postale.

36 세모 빌딩 3층입니다.
se-mo bil-ding sam chŭng ip-ni-da.
È al terzo piano del palazzo Semo.

37 저도 모르겠어요.
jŏ do mo-rŭ-get-ssŏ-yo.
Non lo so neanch'io.

38 저 분/이 분에게 물어보세요.
jŏ bun / i bun e-ge mul-ŏ-bo-se-yc.
Lo chieda a questo signore/questa signora.

39 정확하지는 않아요.
jŏng-hwak-ha-ji-nŭn an-a-yo.
Non è preciso/esatto.

40 저도 그 방향으로 갑니다.
jŏ do gŭ bang-hyang ŭ-ro gap-ni-da.
Anch'io vado da quella parte/direzione.

41 혹시 이 주소를 아시나요?
hok-shi i ju-so rŭl a-shi-na-yo?
Conosce questo indirizzo, per caso?

42 혹시 이 건물이 어디있는지 아시나요?
hok-shi i gŏn-mul i ŏ-di-in-nŭn-ji a-shi-na-yo?
Sa per caso dove si trova questo edificio?

43 제가 맞게 찾아왔나요?
je ga mat-ge cha-ja-wat-na-yo?
Sono venuto nel posto giusto?

44 초행이라 잘 모르겠어요.
cho-haeng i-ra jal mo-rŭ-get-ssŏ-yo.
Non ne sono sicuro, perché e la prima volta che vengo qui.

45 제가 안내해 드릴게요.
je ga an-nae hae dŭ-ril-gge-yo.
La guiderò.

46 바로 찾으실 거예요.
ba-ro cha-zŭ-shil gŏ-ye-yo.
Lo troverà subito. = Non può sbagliare.

47 A와 B사이에 있습니다.
A-wa B-sa-i-e   it-ssŭp-ni-da.
È tra A e B.

48 저를 따라오세요.
jŏ rŭl   tta-ra-o-se-yo.
Mi segua, per favore.

49 한번 더 설명 해주세요.
han-bŏn dŏ sŏl-myŏng hae-ju-se-yo.
Me lo spieghi ancora una volta, per favore.

50 병원을 찾고 있습니다.
byŏng-wŏn ŭl chat-go it-ssŭp-ni-da.
Sto cercando un ospedale.

51 약도를 그려 주시겠어요?
yak-do rŭl gŭ-ryŏ ju-shi-get-ssŏ-yo?

Potrebbe disegnare una mappa approssimativa, per favore?

52 이 지도에서 현재 위치가 어디인가요?
i ji-do-e-sŏ hyŏn-jae wi-chi ga ŏ-di-in-ga-yo?

Dove si trova la posizione attuale da questa mappa?

53 블록을 끼고 우회전/좌회전 하세요.
bŭl-log ŭl ggi-go u-hoe-jŏn / jwa-hoe-jŏn ha-se-yo.

Giri a destra/sinistra sull'isolato.

54 약도를 그려드릴게요.
yak-do rŭl gŭ-ryŏ dŭ-ril-gge-yo.

Le disegnerò una mappa approssimativa.

55 방금 지나친 것 같아요.
bang-gŭm ji-na-chin gŏt gat-a-yo.

Credo che l'abbiamo appena passato.

56 조금 더 가야해요.
jo-gŭm dŏ ga-ya-hae-yo.

Dobbiamo andare un po' più avanti.

57 여기 지리를 잘 아시나요?
yŏ-gi ji-ri rŭl jal a-shi-na-yo?

Conosce bene la geografia di questa zona?
= Conosce bene questa zona?

58 지름길이 있나요?
ji-rŭm-gil i it-na-yo?

C'è una scorciatoia?

59 어느 쪽 인가요?
ŏ-nŭ jjok in-ga-yo?

Da che parte è?

CAPITOLO 13. SALUTE & ALL'OSPEDALE & FARMACIA

01 건강은 어떠세요?
gŏn-gang ŭn jom ŏ-ttŏ-se-yo?

Come va con la salute? = Come si sente?

02 몸은 나아졌어요?
mom ŭn na-a-jyŏ-ssŏ-yo?

Il (suo) fisico sta meglio? = Si sente meglio?

03 건강이 별로 안 좋아요.
gŏn-gang i byŏl-lo an jo-a-yo.

La mia salute non è molto buona.
= Non mi sento bene.

04 몸이 안 좋아요.
mom i an-jo-a-yo.

Il mio fisico non sta bene. = Non mi sento bene.

05 컨디션이 좋아요.
kŏn-di-shŏn i jo-a-yo.

La mia condizione è buona. = Sto bene.

06 별로 아프지 않아요.
byŏl-lo a-pŭ-ji an-a-yo.

Non fa così male. = Non sto così male.
= Non sono così malato.

07 잘 아프지 않아요.
jal a-pŭ-ji an-a-yo.

Non mi ammalo facilmente.
= Mi ammalo raramente

08 아파서 누워 있어요.
a-pa-sŏ nu-wŏ-i-ssŏ-yo.

Sono sdraiato (a letto) perché sono malato.

09 몸이 다 아파요.
mom i da a-pa-yo.

(Io) mi fa male tutto il corpo.

10 배가 아파요.
bae ga a-pa-yo.

Mi fa male lo stomaco. = Ho mal di stomaco.

11 열이 있어요.
yŏl i i-ssŏ-yo.

Ho la febbre. = Ho la febbre.

12 생리통이 있어요.
saeng-ni-tong i i-ssŏ-yo.

Ho dolori mestruali.

13 독감이 유행이에요.
dok-gam i yu-haeng-i-e-yo.

C'è un'influenza in giro.

14 감기 조심하세요.
gam-gi jo-shim-ha-se-yo.

Stia attenta con il raffreddore.
= Stia attenta a non prendere il raffreddore.

15 감기 걸린 것 같아요.
gam-gi gŏl-lin gŏt gat-a-yo.

Credo di aver preso il raffreddore.

16 감기든 목소리네요.
gam-gi-dŭn mok-so-ri ne-yo.

Parla come se avesse il raffreddore.

17 기침을 많이 해요.
gi-chim ŭl man-i hae-yo.

Tossisco molto.

18 머리가 아파요.
mŏ-ri ga a-pa-yo.

Mi fa male la testa. = Ho mal di testa.

19 콧물이 나요.
kot-mul i na-yo.

Ho il naso che cola.

20 팔이/다리가 부러졌어요.
pal i / da-ri ga bu-rŏ-jyŏ-ssŏ-yo.

(Il mio) braccio/gamba è rotto.

21 여드름이 났어요.
yŏ-dŭ-rŭm i na-ssŏ-yo.

Ho l'acne.

22 부상당했어요.
bu-sang dang-hae-ssŏ-yo.

Sono ferito.

23 온몸이 멍 들었어요.
on mom i mŏng dŭl-ŏ-ssŏ-yo.

Ho lividi su tutto il corpo.

24 다 나았어요.
da na-a-ssŏ-yo.

Ora sto meglio. / Non sono più malato.

25 하나도 안 아파요.
ha-na-do an a-pa-yo.

Non sono per niente malato/dolorante.

26 갈비뼈가 부러졌어요.
gal-bi-bbyŏ ga bu-rŏ-jyŏ-ssŏ-yo.

Mi sono fratturato una costola.

27 넘어졌어요.
nŏm-ŏ-jyŏ-ssŏ-yo.

Sono caduto.

28 미끄러졌어요.
mi-ggŭ-rŏ-jyŏ-ssŏ-yo.

Sono scivolato (e sono caduto).

29 완전히 지쳤어요.
wan-jŏn-hi ji-chyŏ-ssŏ-yo.

Sono completamente esausto.

30 건강해 보여요!
gŏn-gang-hae bo-yŏ-yo!

Sembra in salute!

31 안색이 안 좋아보여요.
an-saeg i an jo-a-bo-yŏ-yo.

Il suo colorito non ha un bell'aspetto.

32 발진이 났어요.
bal-jin i na-ssŏ-yo.

Ho un'eruzione cutanea.

33 목이 뻐근해요.
mog i bbŏ-gŭn-hae-yo.

Il mio collo è rigido.

34 계속 재채기가 나요.
gye-sok jae-chae-gi ga na-yo.

Non riesco a smettere di starnutire.

35 입술이 텄어요.
ip-sul i tŏ-ssŏ-yo.

Le mie labbra sono screpolate.

36 좋아지고 있어요.
jo-a-ji-go i-ssŏ-yo.

Sto migliorando.

37 좀 쉬세요.
jom shwi-se-yo.

Riposi un po'.

38 과로하지 마세요!
gwa-ro ha-ji ma-se-yo!

Non lavori troppo! = Non esageri.

39 병원에 가보세요.
byŏng-wŏn e ga-bo-se-yo.

Dovrebbe andare all'ospedale.

40 그 정도는 아니에요.
gŭ jŏng-do nŭn a-ni-e-yo.

Non è così grave.

41 몸조리 잘 하세요.
mom-jo-ri jal ha-se-yo.

Abbia cura di lei.

42 쾌유를 빕니다.
kwae-yu rŭl bip-ni-da.

Spero che si riprenda completamente.

43 너무 피곤해요.
nŏ-mu pi-gon-hae-yo.

Sono troppo stanco

ALL'OSPEDALE

01 근처에 병원이 있나요?
gŭn-chŏ-e byŏng-wŏn i it-na-yo?

C'è un ospedale nelle vicinanze?

02 병원에 좀 데려다 주세요.
byŏng-wŏn e jom de-ryŏ-da ju-se-yo.

Per favore, mi porti in ospedale.

03 제가 병원에 데려다 드릴게요.
je ga byŏng-wŏn e de-ryŏ-da dŭ-ril-gge-yo.

L'accompagnerò in un ospedale.

04 구급차를 불러주세요.
gu-gŭp-cha rŭl bul-lŏ ju-se-yo.

Per favore, chiami un'ambulanza.

05 의사를 불러주세요.
ŭi-sa rŭl bul-lŏ ju-se-yo.

Per favore, chiami un dottore.

06 응급상황입니다.
ŭng-gŭp sang-hwang ip-ni-da.

È una situazione di emergenza.

07 안색이 좋지 않아요.
an-saeg i jot-chi an-a-yo.

Il suo colorito non è bello.
= Non ha un bell'aspetto.

08 몸에 기운이 하나도 없습니다.
mom e gi-un i ha-na-do ŏp-sŭp-ni-da.

Non ho proprio energia nel mio corpo.
= Mi sento così debole.

09 어디가 아파서 오셨나요?
ŏ-di ga a-pa-sŏ o-shŏt-na-yo?

Quale dolore ti ha fatto venire qui?
= Cosa l'ha portata qui?

10 환자분 성함이 어떻게 되세요?
hwan-ja-bun sŏng-ham i ŏ-ttŏ-ke doe-se-yo?

Come si chiama il paziente?

11 의료보험이 있나요?
ŭi-ryo bo-hŏm i it-na-yo?

Ha un'assicurazione medica?

12 접수를 도와드리겠습니다.
jŏp-su rŭl do-wa-dŭ-ri-get-sŭp-ni-da.

L'aiuterò con la registrazione.

13 의사선생님이 곧 오실거예요.
ŭi-sa-sŏn-saeng-nim i got o-shil-gŏ-ye-yo.

Il medico arriverà presto.

14 복용중인 약이 있나요?
bog-yong jung-in yag i it-na-yo?

Sta assumendo dei farmaci?

15 알러지가 있나요?
al-lŏ-ji ga it-na-yo?

Soffre di allergie?

16 지병이 있나요?
ji-byŏng i it-na-yo?

Soffre di condizioni preesistenti (malattie)?

17 입을 벌려보세요.
ib ŭl bŏl-lyŏ-bo-se-yo.

Apra (la) bocca, per favore.

18 아 해보세요.
a hae-bo-se-yo.

Dica "Ah".

19 숨을 크게 쉬어보세요.
sum ŭl kŭ-ge shwi-ŏ-bo-se-yo.

Faccia un respiro profondo.

20 체온을 재볼게요.
che-on ŭl jae-bol-gge-yo.

Misurerò la (sua) temperatura corporea.

21 주사를 맞아야 겠습니다.
ju-sa rŭl ma-ja-ya get-sŭp-ni-da.

Deve fare un'iniezione.

22 주사를 놔드릴게요.
ju-sa rŭl nwa-dŭ-ril-gge-yo.

Le farò un'iniezione.

23 조금 따끔합니다.
jo-gŭm tta-ggŭm-hap-ni-da.

Brucia un po'.

24 지혈해드릴게요.
ji-hyŏl hae-dŭ-ril-gge-yo.

Farò in modo che smetta di sanguinare.

25 피가 계속 나요.
pi ga gye-sok na-yo.

Continuo a sanguinare.

26 열이 많이 나네요.
yŏl i man-i na-ne-yo.

Ha molta febbre.

27 더 큰 병원으로 가야 합니다.
dŏ kŭn byŏng-wŏn ŭ-ro ga-ya hap-ni-da.

Deve andare in un ospedale più grande.

28 심각한 상황입니다.
shim-gak-han sang-hwang ip-ni-da.

È una situazione seria.

29 엑스레이를 찍어봅시다.
ek-sŭ-re-i rŭl jjig-ŏ bop-shi-da.

Facciamo una radiografia.

30 수술을 해야합니다.
su-sul ŭl hae-ya-hap-ni-da.

Deve fare un intervento chirurgico.

31 왜 이렇게 늦게 오셨어요?
wae i-rŏt-ke   nŭt-gge o-shŏ-ssŏ-yo?

Perché è venuto a quest'ora?

32 큰 일 날 뻔 했습니다.
kŭn il   nal bbŏn haet-ssŭp-ni-da.

Poteva andare molto peggio.

33 처방전을 드리겠습니다.
chŏ-bang-jŏn ŭl dŭ-ri-get-sŭp-ni-da.

Le farò una prescrizione.

34 약국에서 약을 받아가세요.
yak-gug e-sŏ yag ŭl   bad-a-ga-se-yo.

Prenda le (sue) medicine in farmacia.

35 상태를 자세히 관찰하세요.
sang-tae rŭl ja-se-hi gwan-chal-ha-se-yo.

Controlli attentamente le sue condizioni.

36 약을 잊지말고 드세요.
yag ŭl   it-ji-mal-go dŭ-se-yo.

Non dimentichi di prendere i farmaci.

37 병원에 또 와야하나요?
byŏng-wŏn e tto wa-ya ha-na-yo?

Devo venire di nuovo in ospedale
(= studio medico)?

38 아니요, 이제 안 오셔도 됩니다.
a-ni-yo,   i-je an o-shŏ-do doep-ni-da.

No, non è più necessario che venga.

39 입원 하셔야 합니다.
ib-wŏn ha-shŏ-ya hap-ni-da.

Deve essere ricoverato in ospedale.
= Deve restare in ospedale

40 퇴원 하셔도 됩니다.
toe-wŏn ha-shŏ-do doep-ni-da.

Può essere dimesso dall'ospedale.
= Ora può andare a casa.

41 피검사를 해보는게 좋겠습니다.
pi gŏm-sa rŭl hae-bo-nŭn-ge jo-ket-sŭp-ni-da.

Penso che sia meglio fare un'analisi del sangue.

42 다른 불편한 곳은 없으신가요?
da-rŭn bul-pyŏn-han go sŭn ŏp-sŭ-shin-ga-yo?

C'è qualcos'altro che la preoccupa?

43 어떤 증상이 있죠?
ŏ-ttŏn jŭng-sang i it-jyo?

Che tipo di sintomi hai?

44 혀를 내밀어 보세요.
hyŏ rŭl nae-mil-ŏ bo-se-yo.

Provi a tirare fuori la lingua.

45 침대에 누워계세요.
chim-dae e nu-wŏ-gye-se-yo.

Rimanga sdraiato sul letto.

46 그만 오셔도 될 것 같습니다.
gŭ-man o-shŏ-do doel gŏt gat-sŭp-ni-da.

Non è più necessario che torni.

47 물을 많이 드세요.
mul ŭl man-i dŭ-se-yo.

Beva molta acqua.

48 혈압을 재보겠습니다.
hyŏl-ab ŭl jae-bo-get-sŭp-ni-da.

Misurerò la (sua) pressione sanguigna.

49 혈압이 높군요.
hyŏl-ab i nop-gun-nyo.

La sua pressione sanguigna è alta.

50 정상입니다.
jŏng-sang ip-ni-da.

È normale.

51 눈물이 납니다.
nun-mul i nap-ni-da.

Ho le lacrime agli occhi.

52 눈이 너무 건조해요.
nun i nŏ-mu gŏn-jo-hae-yo.

I miei occhi sono troppo secchi.

53 어지럽습니다.
ŏ-ji-rŏp-sŭp-ni-da.

Ho le vertigini.

54 약을 복용 중입니다.
yag ŭl bog-yong jung-ip-ni-da.

Sto assumendo delle medicine (ora).
= Adesso sono in cura.

55 약을 복용하고 있나요?
yag ŭl bog-yong ha-go it-na-yo?

Ha preso le sue medicine?

56 발목을 삐었어요.
bal-mog ŭl bbi-ŏ-ssŏ-yo.

Mi sono slogato la caviglia

FARMACIA

01 이 약을 주세요.
i yag ŭl ju-se-yo.
Per favore, mi dia questa medicina.

02 처방전을 주세요.
chŏ-bang-jŏn-ŭl ju-se-yo.
Per favore, mi dia la prescrizione.

03 처방전이 있어야 하나요?
chŏ-bang-jŏn i i-ssŏ-ya ha-na-yo?
Devo avere la prescrizione?

04 처방전 없이 살 수 있나요?
chŏ-bang-jŏn ŏp-shi sal su it-na-yo?
Posso acquistare senza prescrizione medica?

05 이게 무슨 약이죠?
i-ge mu-sŭn yag i-jyo?
Che medicina è questa?

06 의사 소견서를 주세요.
ŭi-sa so-gyŏn-sŏ rŭl ju-se-yo.
Per favore, mi dia la ricetta del medico.

07 처방약 나왔습니다.
chŏ-bang-yak na-wa-ssŭp-ni-da.
Ecco la medicina prescritta.

08 하루에 몇 번 먹어야 하나요?
ha-ru-e myŏt bŏn mŏg-ŏ-ya ha-na-yo?
Quante volte devo assumerla al giorno?

09 하루에 세 번, 식 후 30분이요.
ha-ru-e se bŏn, shik hu sam-ship bun-i-yo.
Tre volte al giorno, 30 minuti dopo i pasti.

10 규칙적으로 약을 복용하세요.
gyu-chik-jŏg-ŭ-ro yag ŭl bog-yong ha-se-yo.
Prenda la medicina regolarmente.

11 한 번에 한 알 이상 드시면 안되요.
han bŏn-e han al i-sang dŭ-shi-myŏn an-doe-yo.
Non dovrebbe assumere più di una pillola alla volta.

12 깊이 베인데 바를 것 있나요?
gip-i be-in-de ba-rŭl gŏt it-na-yo?
C'è qualcosa da applicare sul taglio profondo?

13 이 연고를 상처에 바르세요.
i yŏn-go rŭl sang-chŏ-e ba-rŭ-se-yo.

Applichi questa crema/unguento sul taglio.

14 1회용 밴드를 붙이세요.
il-hoe-yong baen-dŭ rŭl bu-chi-se-yo.

Metta questa fascia monouso.

15 부작용은 없을까요?
bu-jag-yong ŭn ŏp-ssŭl-gga-yo?

Ci saranno effetti collaterali?

16 제가 아는 바로는 없습니다.
je ga a-nŭn ba-ro nŭn ŏp-ssŭp-ni-da.

Per quanto ne so, non ci sono.

17 이 약을 먹고 나면 졸릴 수 있어요.
i yag ŭl mŏk-go na-myŏn jol-lil su do i-ssŏ-yo.

Potrebbe avvertire sonnolenza dopo l'assunzione di questo farmaco.

18 낮에는 복용하지 마세요.
na-je nŭn bo-gyong ha-ji ma-se-yo.

Non lo prenda di giorno.

19 증상이 계속되면 병원으로 가세요.
jŭng-sang i gye-sok-doe-myŏn byŏng-wŏn ŭ-ro ga-se-yo.

Se i sintomi persistono, vada in ospedale.

20 처방전 없이는 약을 드릴 수 없습니다.
chŏ-bang-jŏn ŏp-shi nŭn yag ŭl dŭ-ril su ŏp-sŭp-ni-da.

Non posso darle il farmaco senza prescrizione medica.

21 그 증상에는 이 약이 잘 듣습니다.
gŭ jŭng-sang e nŭn i yag i jal dŭt-ssŭp-ni-da.

Questo farmaco è efficace per quel sintomo.

22 효과가 있으면 좋겠네요.
hyo-ggwa ga i-ssŭ-myŏn jo-ket-ne-yo.

Spero che funzioni in modo efficace.

23 이 약은 어디에 있나요?
i yag ŭn ŏ-di e   it-na-yo?

Dove si trova questo farmaco?

24 두 약의 차이점은 뭐죠?
du yag ŭi cha-i-jŏm ŭn mwŏ-jyo?

Qual è la differenza tra le due medicine?

25 뭐가 더 잘 듣나요?
mwŏ ga dŏ jal dŭt-na-yo?

Qual è più efficace?

CAPITOLO 14. ATTRAZIONE TURISTICA

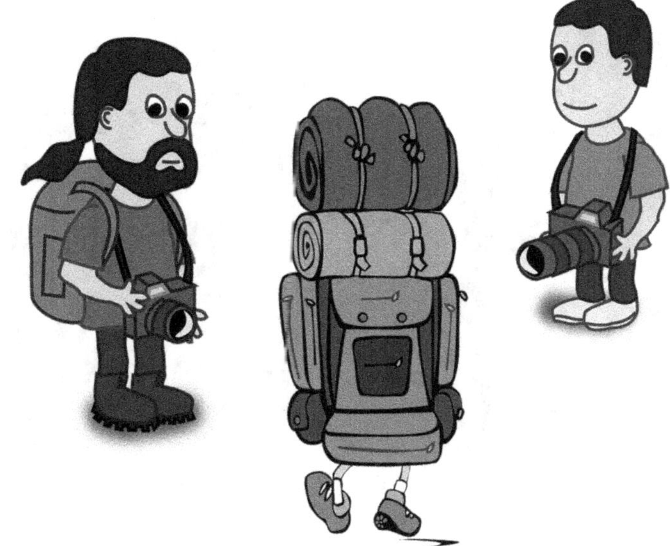

01	여기가 유명한 관광지 인가요? yŏ-gi ga yu-myŏng-han gwan-gwang-ji in-ga-yo?	**Questa è una località turistica famosa?**
02	네, 아주 유명합니다. ne, a-ju yu-myŏng-hap-ni-da.	**Sì, è molto famosa.**
03	사람들이 굉장히 많네요. sa-ram-dŭl i goeng-jang-hi man-ne-yo.	**Ci sono così tante persone.**
04	관광객이 많습니다. gwan-gwang-gaek i man-sŭp-ni-da.	**Ci sono molti turisti.**
05	언제나 사람이 많아요. ŏn-je-na sa-ram i man-a-yo.	**C'è sempre molta gente.**
06	평일에도 붐빕니다. pyŏng-il e-do bum-bip-ni-da.	**È affollata anche durante la settimana.**
07	인기가 많은 곳입니다. in-gi-ga man-ŭn go ship-ni-da.	**È un posto popolare.**
08	역사적인 곳입니다. yŏ-k-sa-jŏg-in go ship-ni-da.	**È un luogo storico.**
09	이 곳은 어떤 곳인가요? i go sŭn ŏ-ttŏn go shin-ga-yo?	**Che tipo di posto è questo?**

10 어떠한 의미가 있나요?
ŏ-ttŏ-han ŭi-mi ga it-na-yo?

Che significato ha?

11 영어 안내 책자가 있나요?
yŏng-ŏ an-nae chaek-ja ga it-na-yo?

Ha una guida in inglese?

12 영어 안내원이 있나요?
yŏng-ŏ an-nae-wŏn i it-na-yo?

Ha una guida (book) in inglese?

13 오디오 가이드가 있나요?
o-di-o ga-i-dŭ ga it-na-yo?

Ha un'audioguida?

14 티켓은 어디서 사나요?
ti-ke sŭn ŏ-di-sŏ sa-na-yo?

Dove posso acquistare il biglietto?

15 화장실은 어디에 있나요?
hwa-jang-shil ŭn ŏ-di-e it-na-yo?

Dove si trova il bagno?

16 입장 후에도 화장실이 있나요?
ip-jang hu-e do hwa-jang-shil i it-na-yo?

C'è un bagno anche dopo l'ingresso?

17 안내소는 어디인가요?
an-nae-so nŭn ŏ-di in-ga-yo?

Dove si trova il punto informazioni?

18 여권이 필요한가요?
yŏ-ggwŏn i pil-yo-han-ga-yo?

È necessario il passaporto?

19 사진을 찍어도 되나요?
sa-jin ŭl jjig-ŏ-do doe-na-yo?

Posso fare una foto?

20 사진 좀 찍어주시겠어요?
sa-jin jom jjig-ŏ ju-shi-get-ssŏ-yo?

Può scattare una foto per me?

21 사진 찍어드릴까요?
sa-jin jjig-ŏ dŭ-ril-gga-yo?

Vuole che le scatti una foto?

22 배경이 나오게 찍어주세요.
bae-gyŏng i na-o-ge jjig-ŏ ju-se-yo.

Per favore, scatti una foto con lo sfondo visibile.

23 어른 한 장, 어린이 두 장 주세요.
ŏ-rŭn han jang, ŏ-rin-i du jang ju-se-yo.

Mi dia un biglietto (per) adulti, due biglietti (per) bambini.

24 몇시까지 입장해야 하나요?
myŏ-sshi gga-ji ip-jang hae-ya ha-na-yo?

A che ora devo entrare?

25 몇시까지 구경 가능한가요?
myŏ-sshi gga-ji gu-gyŏng ga-nŭng-han-ga-yo?

Qual è il termine ultimo per dare un'occhiata in giro?

26 출구가 어디죠?
chul-gu ga ŏ-di-jyo?

Dove si trova l'uscita?

27 동영상을 찍어도 되나요?
dong-yŏng-sang ŭl jjig-ŏ-do doe-na-yo?

Posso fare un video?

28 입장 제한 구역입니다.
ip-jang je-han gu-yeog ip-ni-da.

È un'area riservata (ingresso).

29 왼쪽으로/오른쪽으로 걸으세요.
oen-jjog ŭ-ro / o-rŭn-jjog ŭ-ro gŏl-ŭ-se-yo.

Mantenga la sinistra/destra (quando si cammina).

30 여기서 만나요.
yŏ-gi-sŏ man-na-yo.

Incontriamoci qui.

31 입장료는 얼마죠?
ip-jang-nyo nŭn ŏl-ma-jyo?

Quanto costa l'ingresso?

32 어린이/경로 할인이 있나요?
ŏ-rin-i / gyŏng-no hal-in i it-na-yo?

Ha uno sconto per bambini/cittadini anziani?

33 외국인은 얼마죠?
oe-gug-in ŭn ŏl-ma-jyo?

Quanto costa per gli stranieri?

34 여기 들어가도 되나요?
yŏ-gi dŭl-ŏ-ga-do doe-na-yo?

Posso entrare qui?

35 바깥에서만 관람해주세요.
ba-ggat-e-sŏ man gwal-lam hae-ju-se-yo.

Guardi solo dall'esterno, per favore.

36 들어가면 안됩니다.
dŭl-ŏ-ga-myŏn an-doep-ni-da.

Non può entrare.

37 조용히 해주세요.
jo-yong-hi hae-ju-se-yo.

Per favore, faccia silenzio.

38 큰 소리로 말하면 안됩니다.
kŭn so-ri ro mal-ha-myŏn an-doep-ni-da.

Per favore, abbassi la voce.

39 만지면 안됩니다.
man-ji-myŏn an-doep-ni-da.

Non si può toccare.

40 기념품 가게는 어디에 있나요?
gi-nyŏm-pum ga-ge-nŭn ŏ-di-e it-na-yo?

Dov'è il negozio di souvenir?

41 기념품을 사고 싶습니다.
gi-nyŏm-pum ŭl sa-go ship-sŭp-ni-da.

Vorrei comprare dei souvenir.

42 입장권을 보여주세요.
ip-jang-ggwŏn ŭl bo-yŏ-ju-se-yo.

Per favore, mi mostri il biglietto d'ingresso.

43 검색을 하겠습니다.
gŏm-saeg ŭl ha-get-ssŭp-ni-da.

Farò un controllo (di sicurezza).

44 음식은 반입이 안됩니다.
ŭm-shig ŭn ban-ib i an-doep-ni-da.

Il cibo non può essere portato all'interno.

45 안에 식당이 있나요?
an-e shik-dang i it-na-yo?

C'è un ristorante all'interno?

46 문화적인 의미가 있습니다.
mun-hwa-jŏg-in ŭi-mi ga it-ssŭp-ni-da.

Ha un senso/significato culturale.

47 이런건 처음 봅니다.
i-rŏn gŏn chŏ-ŭm bop-ni-da.

È la prima volta che vedo una cosa del genere.
= Non ho mai visto niente del genere.

48 경치 좋다!
gyŏng-chi jot-ta!

La vista è bellissima! = Che vista!

49 정말 멋집니다.
jŏng-mal mŏt-jip-ni-da..

È davvero bello.

50 생각보다 멋집니다.
saeng-gak bo-da mŏt-jip-ni-da.

È più fico di quanto pensassi.

51 정말 한국적이네요.
jŏng-mal han-guk-jŏg i-ne-yo.

È proprio coreano (stile).

52 아주 독특합니다.
a-ju dok-tŭk-hap-ni-da.

È così unico.

53 이게 다예요?
i-ge da ye-yo?

È tutto qui?

54 별로네요.
byŏl-lo-ne-yo.

Non è così bello.

55 실망스럽네요.
shil-mang-sŭ-rŏp-ne-yo.

È deludente.

56 괜히 왔어요.
gwen-hi wa-ssŏ-yo.

Non saremmo dovuti venire qui.
= Siamo venuti qui per niente!

CAPITOLO 15. METEO

01 날씨가 어때요?
nal-shi ga ŏ-ttae-yo?

Com'è il tempo?

02 날씨가 정말 좋네요!
nal-shi ga jŏng-mal jot-ne-yo!

Il tempo è davvero splendido! = Che bel tempo!

03 매일 날씨가 이랬으면 좋겠어요.
mae-il nal-shi ga i-rae-sŭ-myŏn jo-ke-ssŏ-yo.

Vorrei che il tempo fosse così ogni giorno.

04 날씨가 왜 이렇죠?
nal-shi ga wae i-rŏt-chyo?

Perché il tempo è così?
= Cosa c'è che non va con il tempo?

05 비가 오려나?
bi ga o-ryŏ-na?

Sta per piovere?

06 하늘이 맑아요.
ha-nŭl i mal-ga-yo.

Il cielo è sereno.

07 햇살이 따갑습니다.
hae-ssal i tta-gap-sŭp-ni-da.

Il sole scotta. = Il sole è cocente.

08 구름이 많이 꼈네요.
gu-rŭm i man-i ggyŏt-ne-yo.

Ci sono tantissime nuvole. = È nuvoloso.

09 눈이 내린다!
nun i nae-rin-da!

Sta scendendo la neve! = Sta nevicando!

10 첫눈이다!
chŏt nun i-da!

È la prima neve!

11 비가 쏟아지네요!
bi ga sso-da-ji-ne-yo!

Sta piovendo a dirotto!

12 일기 예보가 틀렸어요.
il-gi ye-bo ga tŭl-lyŏ-sŏ-yo.

Le previsioni del tempo sono sbagliate.

13 우산을 가져올걸!
u-san ŭl ga-jyŏ-ol-gŏl!

Avrei dovuto portare un ombrello!

14 너무 덥네요/춥네요.
nŏ-mu dŏp-ne-yo/chup-ne-yo.

Fa troppo caldo/freddo.

15 굉장히 습하네요/건조하네요.
goeng-jang-hi sŭp-ha-ne-yo / gŏn-jo-ha-ne-yo.

È molto umido/asciutto.

16 비가/눈이 그쳤나요?
bi ga / nun i gŭ-chyŏt-na-yo?

Ha smesso di piovere/nevicare?

17 이제 안오네요.
i-je an o-ne-yo.

Si fermò.

18 내일은 날씨가 어떨까요?
nae-il ŭn nal-shi ga ŏ-ttŏl-gga-yo?

Come sarà il tempo domani?

19 날씨가 정말 이상하네요.
nal-shi ga jŏng-mal i-sang-ha-ne-yo.

Il tempo è davvero strano.

20 서울 날씨는 어때요?
sŏ-ul nal-shi nŭn ŏ-ttae-yo?

Com'è il tempo a Seoul?

21 비가/눈이 올 것 같아요.
bi ga / nun i ol gŏt gat-a-yo.

Sembra che pioverà/nevicherà.

22 일기 예보 들으셨나요?
il-gi ye-bo dŭl-ŭ-shŏt-na-yo?

Ha sentito le previsioni del tempo?

23 일기 예보에 따르면 화창할 예정입니다.
il-gi ye-bo-e tta-rŭ-myŏn hwa-chang-hal ye-jŏng-ip-ni-da.

Secondo le previsioni del tempo, ci sarà il sole.

24 태풍이 오고 있어요.
tae-pung i o-go i-ssŏ-yo.

Sta arrivando il temporale.

25 소풍가기에 날씨가 어때요?
so-pung ga-gi-e nal-shi ga ŏ-ttae-yo?

Com'è il tempo per un picnic?

26 오늘 몇 도예요?
o-nŭl myŏt do ye-yo?

Qual è la temperatura oggi?

27 최고기온은/최저기온은 30도입니다.
choe-go gi-on ŭn/choe-jŏ gi-on ŭn sam-ship do ip-ni-da.

La temperatura più alta/bassa è di 30 gradi.

28 날씨가 차차 좋아지고 있어요.
nal-shi ga cha-cha jo-a-ji-go i-ssŏ-yo.

Il tempo sta migliorando gradualmente.

29 아침내내 흐렸어요.
a-chim nae-nae hŭ-ryŏ-ssŏ-yo.

È stato nuvoloso per tutta la mattina.

30 날씨를 예측할 수 없네요.
nal-shi rŭl ye-chŭk hal su ŏp-ne-yo.

Non posso prevedere il tempo.

31 해가 점점 짧아지고/길어지고 있어요.
hae ga jŏm-jŏm jjal-ba-ji-go / gil-ŏ-ji-go i-ssŏ-yo.

Le ore di luce si stanno accorciando/allungando. = Le giornate si stanno accorciando/allungando.

32 오후에 비가/눈이 올 거예요.
o-hu e bi ga / nun i ol gŏ-ye-yo.

Pioverà/nevicherà nel pomeriggio.

33 날씨가 변덕스러워요.
nal-shi ga byŏn-dŏk-sŭ-rŏ-wŏ-yo.

Il tempo è variabile/mutevole/incerto.

34 날씨가 오락가락 하네요.
nal-shi ga o-rak-ga-rak ha-ne-yo.

Il tempo continua a cambiare.

35 곧 좋아질 거예요.
got jo-a-jil gŏ-ye-yo.

Presto migliorerà.

36 하루종일 비가/눈이 오네요.
ha-ru-jong-il bi ga / nun i o-ne-yo.
Piove/nevica tutto il giorno.

37 기온이 많이 떨어졌어요.
gi-on i man-i ttŏl-ŏ-jyŏ-ssŏ-yo.
La temperatura è scesa molto.

38 날씨가 따뜻하네요.
nal-shi ga tta-ttŭt-ha-ne-yo.
Il clima è caldo.

39 날씨가 맑겠습니다.
nal-shi ga mal-gget-sŭp-ni-da.
Il clima sarà sereno.

40 일기 예보는 믿을 수 없습니다.
il-gi ye-bo nŭn mid-ŭl su-ga ŏp-sŭp-ni-da.
Non ci si può fidare delle previsioni del tempo.

41 한국 날씨 어때요?
han-guk nal-shi ŏ-ttae-yo?
Com'è il tempo in Corea?

42 어떤 계절이 가장 좋아요?
ŏ-ttŏn gye-jŏl i ga-jang jo-a-yo?
Quale stagione ti piace di più?

43 봄이/여름이/가을이/겨울이 가장 좋아요.
bom i / yŏ-rŭm i / ga-ŭl i / gyŏ-ul i ga-jang jo-a-yo.
Mi piace di più la primavera/l'estate/l'autunno/l'inverno.

44 곧 봄이 올 거예요.
got bom i ol gŏ-ye-yo.
La primavera arriverà presto.

45 잎이 붉게 물드네요.
ip i bul-gge mul-dŭ-ne-yo.
Le foglie stanno diventando rosse.

46 황사가 옵니다.
hwang-sa ga op-ni-da.
Sta arrivando la tempesta di sabbia.

47 황사때문에 눈이 따가워요.
hwang-sa ttae-mun-e nun i tta-ga-wŏ-yo.
Gli occhi bruciano a causa della tempesta di sabbia.

48 비가 오면 좋겠어요.
bi ga o-myŏn jo-ke-ssŏ-yo.
Sarebbe bello se arrivasse la pioggia.

49 지금은 장마철이에요.
ji-gŭm ŭn jang-ma-chŏl i-e-yo.
Questa è la stagione delle piogge.

50 이번 주부터 장마가 시작됩니다.
i-bŏn ju bu-tŏ jang-ma ga shi-jak-doep-ni-da.
La stagione delle piogge inizia da questa settimana.

51 쾌적한 날씨네요!
kwae-jŏk-han nal-shi ne-yo!
Che tempo piacevole/ideale!

52 날씨 정말 좋네요!
nal-shil jŏng-mal jot-ne-yo!
Il tempo è davvero bello!

53 구름 하나 없어요.
gu-rŭm ha-na ŏp-sŏ-yo.
Non c'è una sola nuvola!

54 땀이 나네요.
ttam i na-ne-yo.
Sto sudando.

55 안개가 자욱하네요.
an-gae ga ja-uk-ha-ne-yo.
C'è molta nebbia.

56 바람이 많이 부네요.
ba-ram i man-i bu-ne-yo.
C'è molto vento.

57 공기가 안좋아요.
gong-gi ga an-jo-a-yo.
L'aria (qualità) non è buona.

58 눈이 많이 쌓였어요.
nun i man-i ssa-yŏ-ssŏ-yo.
La neve si è accumulata molto.
= Si è accumulata molta neve.

59 길이 얼었어요.
gil i ŏl-ŏ-ssŏ-yo.
La strada è ghiacciata.

60 길이 미끄러워요.
gil i mi-ggŭ-rŏ-wŏ-yo.
La strada è scivolosa.

CAPITOLO 16. EMOZIONI

01	정말 기뻐요. jŏng-mal gi-bbŏ-yo.	Sono davvero felice.
02	좋은 생각이에요! jo-ŭn saeng-gag i-e-yo!	È una splendida idea!
03	훌륭합니다. hul-lyung-hap-ni-da.	È favolosa.
04	화났어요? hwa na-ssŏ-yo?	Sei arrabbiato?
05	많이 화났어요. man-i hwa na-ssŏ-yo.	Sono molto arrabbiato.
06	짜증나요. jja-zŭng na-yo.	Sono davvero irritato.
07	열받았어요. yŏl bad-a-ssŏ-yo.	Sono incazzato.
08	안심이 됩니다. an-shim i doep-ni-da.	È un sollievo.
09	놀랍군요! nol-lap-gun-yo!	Incredibile! / Stupefacente!

10 농담이죠?
nong-dam i-jyo?

Stai scherzando, vero?

11 장난하지 마세요.
jang-nan ha-ji ma-se-yo.

Smettila di scherzare con me.

12 믿을 수 없어!
mid-ŭl su ŏp-sŏ!

Non posso crederci!

13 환상적이네요!
hwan-sang-jŏg i-ne-yo!

È fantastico!

14 멋질 거예요!
mŏt-jil gŏ-ye-yo!

Sarà fantastico!

15 진짜예요?
jin-jja ye-yo?

Davvero?

16 진심인가요?
jin-shim in-ga-yo?

Dici sul serio?

17 흥미진진하네요.
hŭng-mi-jin-jin ha-ne-yo.

È emozionante!

18 끔찍해!
ggŭm-jjik-hae!

È terribile!

19 창피해!
chang-pi-hae!

Che peccato!

20 이제 제발 그만해!
i-je je-bal gŭ-man-hae!

Per favore, smettila subito!

21 매우 불쾌하네요.
mae-u bul-kwae-ha-ne-yo.

Sono veramente infelice.

22 슬퍼요.
sŭl-pŏ-yo.

Sono triste.

23	정말 비참하네요. jŏng-mal bi-cham-ha-ne-yo.	È davvero triste.
24	기분이 별로 좋지 않아요. gi-bun i byŏl-lo jot-chi an-a-yo.	Non sono di buon umore.
25	기분이 좋아요. gi-bun i jo-a-yo.	Sto bene.
26	우울하네요. u-ul-ha-ne-yo.	Mi sento giù.
27	실망이에요. shil-mang i-e-yo.	Sono deluso.
28	당신에게 실망했어요. dang-shin e-ge shil-mang-hae-ssŏ-yo.	Sono deluso da te.
29	애석하네요. ae-sŏk-ha-ne-yo.	È un peccato.
30	저런, 안됐네요. jŏ-rŏn, an-doet-ne-yo.	Oddio, che peccato.
31	운이 나빴어요. un i na-bba-ssŏ-yo.	Che sfortuna.
32	그 말을 들으니 유감입니다. gŭ mal ŭl dŭl-ŭ-ni yu-gam-ip-ni-da.	Mi dispiace.
33	저는 당신 편이에요. jŏ nŭn dang-shin pyŏn i-e-yo.	Io sono dalla tua parte.
34	실망하지 마세요. shil-mang ha-ji ma-se-yo.	Non essere deluso.
35	무슨 일이지요? mu-sŭn il i-ji-yo?	Qual è il problema?
36	뭐가 잘못되었나요? mwŏ ga jal-mot doe-ŏt-na-yo?	C'è qualcosa che non va?

37 괜찮아요?
goen-chan-a-yo?
Stai bene? / Va tutto bene?

38 걱정하지 마세요.
gŏk-jŏng ha-ji ma-se-yo.
Non preoccuparti.

39 무엇 때문에 걱정이세요?
mu-ŏt ttae-mun-e gŏk-jŏng-i-se-yo?
Di cosa sei preoccupato?

40 무슨 문제 있나요?
mu-sŭn mun-je it-na-yo?
C'è qualche problema?

41 빨리 해결하시기를 바래요.
bbal-li hae-gyŏl-ha-shi-gi rŭl ba-rae-yo.
Spero che lo risolva presto.

42 대단히 감사합니다.
dae-dan-hi gam-sa-hap-ni-da.
Grazie mille.

43 모든 것에 감사드려요.
mo-dŭn gŏ se gam-sa-dŭ-ryŏ-yo.
Grazie di tutto.

44 도와주셔서 감사합니다.
do-wa-ju-shŏ-sŏ gam-sa-hap-ni-da.
Grazie per avermi aiutato.

45 저에게 큰 도움이 되어주셨어요.
jŏ e-ge   kŭn do-um i   doe-ŏ-ju-shŏ-ssŏ-yo.
Lei mi è stato di grande aiuto.

46 초대해 주셔서 감사합니다.
cho-dae-hae ju-shŏ-sŏ gam-sa-hap-ni-da.
Grazie per avermi invitato.

47 고맙습니다.
go-map-sŭp-ni-da.
Grazie a lei.

48 정말 친절하시네요.
jŏng-mal chin-jŏl-ha-shi-ne-yo.
È molto gentile da parte sua.

49 저야말로 감사합니다.
jŏ-ya-mal-lo gam-sa-hap-ni-da.
Sono io che le sono grato. = Grazie a te.

50 천만에요.
chŏn-man-e-yo.
Non c'è di che.

51 미안합니다.
mi-an-hap-ni-da.
Mi dispiace.

52 죄송합니다.
joe-song-hap-ni-da.
Le chiedo scusa.

53 정말 죄송합니다.
jŏng-mal joe-song-hap-ni-da.
Mi scuso profondamente.

54 정말 미안합니다.
jŏng-mal mi-an-hap-ni-da.
Sono davvero dispiaciuto.

55 늦어서 죄송합니다.
nŭ-zŏ-sŏ joe-song-hap-ni-da.
Mi dispiace per il ritardo.

56 기다리게 해서 죄송해요.
gi-da-ri-ge hae-sŏ joe-song-hae-yo.
Mi dispiace di averla fatta aspettare.

57 제 실수예요.
je shil-su ye-yo.
È stato un mio errore.

58 제 실수를 사과드립니다.
je shil-su rŭl sa-gwa-dŭ-rip-ni-da.
Mi scuso per il mio errore.

59 너무 시끄럽게 해서 죄송합니다.
nŏ-mu shi-ggŭ-rŏp-ge hae-sŏ joe-song-hap-ni-da.
Mi scuso per essere stato troppo chiassoso / rumoroso.

60 그런 의도가 아니었어요.
gŭ-run ŭi-do ga a-ni-ŏ-ssŏ-yo.
Non era mia intenzione.

61 당연하죠!
dang-yŏn-ha-jyo!
Certo!

62 물론이죠!
mul-lon-i-jyo!
Assolutamente!

63 미쳤어요?
mi-chyŏ-ssŏ-yo?
Ma lei è pazzo?

64 정신 나갔어요?
jŏng-shin na-ga-ssŏ-yo?
È impazzito?

65 화내지 마세요.
hwa-nae-ji ma-se-yo.

Non si arrabbi.

66 무서워요.
mu-sŏ-wŏ-yo.

Fa paura / Lei fa paura.

67 너무 웃겨요.
nŏ-mu ut-gyŏ-yo.

È troppo divertente.

68 정말 재밌어요.
jŏng-mal jae-mi-ssŏ-yo.

È davvero divertente.

69 마음이 아파요.
ma-ŭm i a-pa-yo.

Mi fa male la testa. = Ho il cuore in frantumi.

CAPITOLO 17. AL LAVORO

01 신입사원 김철수입니다.
shin-ip-sa-wŏn kim chŏl-su ip-ni-da.

Sono Kim Cheol-su, un nuovo dipendente/
una nuova recluta.

02 많이 가르쳐주세요.
man-i ga-rŭ-chyŏ-ju-se-yo.

Spero di imparare molto da lei.

03 인턴으로 들어왔습니다.
in-tŏn ŭ-ro dŭl-ŏ-wa-sŭp-ni-da.

Entrerò a far parte del gruppo come stagista.

04 마케팅 부서에서 일하게 되었습니다.
ma-ke-ting bu-sŏ e-sŏ il-ha-ge doe-č-ssŭp-ni-da.

Sono stato assegnato a lavorare nel reparto
marketing.

05 함께 일하게 되어 영광입니다.
ham-gge il-ha-ge doe-ŏ yŏng-gwang ip-ni-da.

Sono onorato di lavorare con lei.

06 이 전에는 삼성에서 일했어요.
i jŏn-e-nŭn sam-sŏng e-sŏ il-hae-ssŏ-yo.

Prima di venire qui lavoravo all'OO.

07 출근/퇴근은 몇시인가요?
chul-gŭn/toe-gŭn ŭn myŏ-sshi in-ga-yo?

Qual è l'ora di entrata e di uscita?

08 점심 시간은 몇시부터인가요?
jŏm-shim shi-gan ŭn myŏ-sshi bu-tŏ in-ga-yo?

A che ora inizia la pausa pranzo?

09 제 자리는 어디죠?
je ja-ri nŭn ŏ-di-jyo?
Dov'è il mio posto?

10 사원증을 만들어드릴게요.
sa-wŏn-tzŭng ŭl man-dŭl-ŏ dŭ-ril-gge-yo.
Le farò una tessera per i dipendenti.

11 계약서에 서명해주세요.
gye-yak-sŏ e sŏ-myŏng hae-ju-se-yo.
Firmi il contatto.

12 연봉은 얼마죠?.
yŏn-bong ŭn ŏl-ma-jyo?
A quanto ammonta lo stipendio?

13 월급은 통장으로 보내드립니다.
wŏl-gŭb ŭn tong-jang ŭ-ro bo-nae-dŭ-rip-ni-da.
Inviamo il pagamento (mensile) sul (suo) conto.

14 휴가는 일년에 며칠인가요?
hyu-ga nŭn il-nyŏn e myŏ-chil in-ga-yo?
Quanti giorni di ferie percepisco all'anno?

15 구내식당은 어디죠?
gu-nae-shik-dang ŭn ŏ-di-jyo?
Dov'è la mensa?

16 야근을 많이 하나요?
ya-gŭn ŭl man-i ha-na-yo?
Facciamo molti straordinari di notte?

17 프로젝트가 많아요.
pŭ-ro-jek-tŭ ga man-a-yo.
Abbiamo/Ci sono molti progetti.

18 우리 팀장님은 깐깐해요.
u-ri tim-jang-nim ŭn ggan-ggan-hae-yo.
Il nostro manager è schizzinoso / pignolo.

19 우리 사장님은 개방적이에요.
u-ri sa-jang-nim ŭn gae-bang-jŏg i-e-yo.
Il nostro capo è di mentalità aperta.

20 사내 연애는 금지예요.
sa-nae yŏn-ae nŭn gŭm-ji-ye-yo.
Le relazioni al lavoro sono proibiti.

21 담배를 피려면 옥상으로 가세요.
dam-bae rŭl pi-ryŏ-myŏn ok-sang-ŭ-ro ga-se-yo.
Se vuole fumare una sigaretta, vada sul tetto.

22 복장은 정장/캐쥬얼 입니다.
bok-jang ŭn jŏng-jang/kae-yju-ŏl ip-ni-da.
Il dress code è elegante/casual.

23 탕비실은 어디인가요?
tang-bi-shil ŭn ŏ-di-in-ga-yo?
Dov'è la dispensa dell'ufficio?

24 업무 보고를 해주세요.
ŏp-mu bo-go rŭl hae-ju-se-yo.
Per favore, mi dia il rapporto di attività.

25 프레젠테이션 준비를 합시다.
pŭ-re-jen-te-i-shŏn jun-bi rŭl hap-shi-da.
Prepariamoci per la presentazione.

26 아주 중요한 미팅이에요.
a-ju jung-yo-han mi-ting i-e-yo.
È un incontro molto importante.

27 여기선 원래 그렇게 해요.
yŏ-gi-sŏn wŏl-lae gŭ-rŏt-ke hae-yo.
È così che facciamo da queste parti.

28 이렇게 하면 되나요?
i-rŏt-ke ha-myŏn doe-na-yo?
Va bene se faccio così?

29 업무가 많네요/적네요.
ŏp-mu ga man-ne-yo/jŏk-ne-yo.
C'è molto/poco lavoro.

30 퇴근 해도 될까요?
toe-gŭn hae-do doel-gga-yo?
Posso uscire dal lavoro?
= Le dispiace se me ne vado?

31 제가 더 도와드릴 일이 있을까요?
je ga dŏ do-wa-dŭ-ril il i i-ssŭl-gga-yo?
C'è un lavoro in cui posso aiutarla maggiormente?

32 좋은 동료가 있어서 기쁘네요.
jo-ŭn dong-nyo ga i-ssŏ-sŏ gi-bbŭ-ne-yo.
Sono felice perché ho un buon collega.

33 내일은 휴일이라 출근 안해도 되요.
nae-il ŭn hyu-il i-ra chul-gŭn an-hae-do doe-yo.
Non deve venire al lavoro perché domani è un giorno festivo.

34 오늘 결근이에요.
o-nŭl gyŏl-gŭn i-e-yo.
(Io sono/lui è/è) assente oggi.

35 몸이 아파서 조퇴하려고요.
mom i a-pa-sŏ jo-toe ha-ryŏ-go-yo.
Me ne andrò presto perché non mi sento bene.

36 제 업무 좀 대신 해주세요.
je ŏp-mu jom dae-shin hae-ju-se-yo.
La prego di svolgere il mio lavoro.
= Può sostituirmi?

37 왜 퇴근 안하세요?
oe toe-gŭn an-ha-se-yo?

Perché non esce dal lavoro?

38 오늘 야근 하시나요?
o-nŭl ya-gŭn ha-shi-na-yo?

Oggi fa gli straordinari di notte?

39 경비처리 하면 되요.
gyŏng-bi chŏ-ri ha-myŏn doe-yo.

Può essere considerata una spesa aziendale.

40 빨리 해주세요.
bbal-li hae-ju-se-yo.

Per favore, faccia in fretta.

41 오늘까지 처리 해야해요.
o-nŭl gga-ji chŏ-ri hae-ya-hae-yo.

Deve essere sistemato entro oggi.

42 저에게 이메일로 보내주세요.
jŏ e-ge i-mae-il lo bo-nae-ju-se-yo.

Me lo mandi via e-mail, per favore.

43 회의실로 오세요.
hoe-ŭi-shil lo o-se-yo.

Venga in sala riunioni, per favore.

44 그렇게 하면 안돼요.
gŭ-rŏt-ke ha-myŏn an-doe-yo.

Non è così che si dovrebbe fare.

45 결재해주세요.
gyŏl-jae hae-ju-se-yo.

La prego di approvare/autorizzare.

46 사장님께 보고하세요.
sa-jang-nim-gge bo-go ha-se-yo.

Per favore, faccia riferimento al capo.

47 이 서류를 복사해주세요.
i sŏ-ryu rŭl bok-sa hae-ju-se-yo.

Per favore, faccia delle copie di questo documento.

48 좀 쉬었다 합시다.
jom shwi-ŏt-da hap-shi-da.

Facciamo una breve pausa.

49 집에서 마무리 할게요.
jib e-sŏ ma-mu-ri hal-gge-yo.

Lo finirò a casa.

50 재택근무 하려고요.
jae-taek-gŭn-mu ha-ryŏ-go-yo.

Lavorerò da casa.

51 내일도 사무실에 나와주세요.
nae-il do sa-mu-shil e na-wa-ju-se-yo.

Venga a lavorare domani, per favore.

52 오늘 회식 있습니다.
o-nŭl hoe-shik it-ssŭp-ni-da.

Oggi c'è un incontro aziendale.

53 회식에 꼭 가야하나요?
hoe-shig e ggok ga-ya ha-na-yo?

Devo andare all'incontro aziendale?

54 물론이죠. 빠지면 안돼요.
mul-lon-i-jyo. bba-ji-myŏn an-doe-yo.

Certo. È un problema se non ci va.

55 오늘 아파서 출근 못할 것 같아요.
o-nŭl a-pa-sŏ chul-gŭn mot-hal gŏt gat-a-yo.

Non credo di poter andare al lavoro perché oggi mi sento male.

56 결근계를 작성해주세요.
gyŏl-gŭn-gye rŭl jak-sŏng hae-ju-se-yo.

Per favore, compili un rapporto di assenza.

57 너무 열심히 일하지 마세요.
nŏ-mu yŏl-shim-hi il ha-ji ma-se-yo.

Non lavori troppo.

58 깜빡 졸았어요.
ggam-bbak jol-at-ŏ-yo.

Mi sono addormentato per un istante.

59 먼저 퇴근할게요.
mŏn-jŏ toe-gŭn hal-gge-yo.

Esco dal lavoro per primo (= prima di te).

60 수고하세요!
su-go ha-se-yo!

Stai tranquillo. / Ci vediamo.

61 팀장님보다 먼저 퇴근하면 안돼요.
tim-jang-nim bo-da mŏn-jŏ toe-gŭn ha-myŏn an-doe-yo.

Non va bene se esci dal lavoro prima del capo.

62 다들 그렇게 해요.
da-dŭl gŭ-rŏt-ke hae-yo.

Da queste parti tutti fanno così.

63 신입사원 교육을 하겠습니다.
shin-ip-sa-wŏn gyo-yug ŭl ha-get-ssŭp-ni-da.

Avremo una nuova preparazione per i dipendenti.

64 승진 축하드립니다!
sŭng-jin chuk-ha-dŭ-rip-ni-da!

Congratulazioni per la sua promozione!

65 인사평가에 반영 될거예요.
in-sa-pyŏng-gga e ban-yŏng doel-ggŏ-ye-yo.

Si rispecchierà nella valutazione dei dipendenti.

66 인사과에 가서 말해보세요.
in-sa-ggwa e ga-sŏ mal-hae-bo-se-yo.

Provi a parlare con l'ufficio del personale.

67 어느 분께 여쭤보면 될까요?
ŏ-nŭ bun gge yŏ-jjwŏ-bo-myŏn doel-gga-yo?

A chi devo chiedere?

68 월급이 아직 안 들어왔어요.
wŏl-gŭb i a-jik an dŭl-ŏ-wa-ssŏ-yo.

La busta paga non è ancora arrivata.
= Non ho ancora ricevuto la mia busta paga.

69 월급이 올랐어요.
wŏl-gŭb i ol-la-ssŏ-yo.

La mia paga mensile è aumentata. = Ho ricevuto un aumento.

70 저는 퇴사하려고요.
jŏ nŭn toe-sa ha-ryŏ-go-yo.

Sto pensando di lasciare l'azienda. = Ho intenzione di dare le dimissioni/lasciare il lavoro.

71 다른 곳으로 이직하려고요.
da-rŭn go sŭ-ro i-jik ha-ryŏ-go-yo.

Sto pensando di trasferirmi in un altro posto (= azienda).

72 더 좋은 조건을 주는 곳을 찾았어요.
dŏ jo-ŭn jo-ggŏn ŭl ju-nŭn go sŭl cha-ja-ssŏ-yo.

Ho trovato un posto che mi offre una proposta migliore.

73 이직 제의가 들어왔어요.
i-jik je-ŭi ga dŭl-ŏ-wa-ssŏ-yo.

Ho ricevuto un'offerta di lavoro da un'altra azienda.

74 그 분은 예전에 그만 두셨어요.
gŭ bun ŭn ye-jŏn-e gŭ-man du-shŏ-ssŏ-yo.

Quella persona (= lui/lei) si è licenziata un po' di tempo fa.

CAPITOLO 18. STAZIONE DI POLIZIA

01	도와주세요! do-wa-ju-se-yo!	**Per favore, aiuto!**
02	도움이 필요합니다. do-um i pil-yo-hap-ni-da.	**Ho bisogno di aiuto.**
03	지갑을 도둑맞았어요. ji-gab ŭl do-dug-ma-za-ssŏ-yo.	**Mi hanno rubato il portafoglio/la borsetta.**
04	여권을 잃어버렸어요. yŏ-ggwŏn ŭl il-ŏ-bŏ-ryŏ-ssŏ-yo.	**Ho perso/perso il (mio) passaporto.**
05	소매치기를 당했어요. so-mae-chi-gi rŭl dang-hae-ssŏ-yo.	**Mi hanno derubato.**
06	지하철에 지갑을 놓고 내렸어요. ji-ha-chŏl e ji-gab ŭl not-ko nae-ryŏ-ssŏ-yo.	**Sono sceso dalla metropolitana e mi sono dimenticato lì il portafoglio.**
07	강도를 당했어요. gang-do rŭl dang-hae-ssŏ-yo.	**Sono stato derubato.**
08	이 사람이 저를 폭행했습니다. i sa-ram i jŏ rŭl pok-haeng-haet-ssŭp-ni-da.	**Quest'uomo mi ha aggredito.**
09	폭행 당했어요. pok-haeng dang-hae-ssŏ-yo.	**Sono stato aggredito.**

10 바로 저 사람/이 사람이에요!
ba-ro jŏ sa-ram / i sa-ram i-e-yo!

È proprio lui/lei!

11 어떻게 생겼나요?
ŏ-ttŏ-ke saeng-gyŏt-na-yo?

Com'è fatto/Che aspetto ha?

12 인상착의를 알려주세요.
in-sang-chag-ŭi rŭl al-lyŏ-ju-se-yo.

Per favore, mi dica i suoi lineamenti e i suoi vestiti.

13 잘 기억이 안나요.
jal gi-ŏg i an-na-yo.

Non ricordo bene.

14 대충 이렇게 생겼어요.
dae-chung i-rŏt-ke saeng-gyŏ-ssŏ-yo.

(Lui/lei) ha più o meno questo aspetto.

15 특징을 말씀해주세요.
tŭk-jing ŭl mal-ssŭm-hae-ju-se-yo.

Per favore, mi indichi i suoi lineamenti.

16 찾을 수 있을까요?
cha-zŭl su i-ssŭl-gga-yo?

Riesci a trovarlo/trovarla?

17 쉽지 않겠네요.
ship-ji an-ket-ne-yo.

Non sarà facile.

18 여기 조서를 작성해주세요.
yŏ-gi jo-sŏ rŭl jak-sŏng-hae-ju-se-yo.

Per favore, compili il rapporto qui.

19 돈은 얼마나 들어있었죠?
don ŭn ŏl-ma-na dŭl-ŏ-i-ssŏt-jyo?

Quanti soldi c'erano (= lì dentro?)?

20 가방에는 무엇이 들어있었죠?
ga-bang e nŭn mu-ŏ shi dŭl-ŏ-i-ssŏt-jyo?

(Lit) Cosa c'era dentro la borsa?

21 한국에 지인이 있나요?
han-gug e ji-in i it-na-yo?

Conoscete qualcuno in Corea?

22 비상 연락처가 있나요?
bi-sang yŏl-lak-chŏ ga it-na-yo?

Avete un contatto per le emergenze?

23 어디에서 그랬나요?
ŏ-di e-sŏ gŭ-raet-na-yo?

Dove è successo?

24 언제 그랬나요?
ŏn-je gŭ-raet-na-yo?

Quando è successo?

25 정확한 위치를 알려주세요.
jŏng-hwak-han wi-chi rŭl al-lyŏ-ju-se-yo.

Per favore, mi indichi il luogo preciso.

26 경찰서로 갑시다.
gyŏng-chal-sŏ ro gap-shi-da.

Andiamo alla stazione di polizia.

27 저를 협박했어요.
jŏ rŭl hyŏp-bak-hae-ssŏ-yo.

Mi ha minacciato.

28 지금 협박하는건가요?
ji-gŭm hyŏp-bak-ha-nŭn-gŏn-ga-yo?

Mi sta minacciando adesso?

29 경찰에 신고할겁니다.
gyŏng-chal e shin-go hal-gŏp-ni-da.

Sto per denunciarla alla polizia.

30 경찰을 불러주세요.
gyŏng-chal ŭl bul-lŏ-ju-se-yo.

Per favore, chiami la polizia.

31 위험에 처해있습니다.
wi-hŏm e chŏ-hae-it-ssŭp-ni-da.

(Io sono/noi siamo) in pericolo.

32 빨리 출동해주세요.
bbal-li chul-dong-hae-ju-se-yo.

La prego di essere venire (qui) in fretta.
= La prego, venga qui rapidamente.

33 동영상을 촬영했습니다.
dong-yŏng-sang ŭl chwal-yŏng-haet-ssŭp-ni-da.

Ho registrato un video clip.

34 전부 녹음했습니다.
jŏn-bu nog-ŭm-haet-ssŭp-ni-da.

Ho registrato tutto.

35 이게 증거입니다.
i-ge jŭng-gŏ ip-ni-da.

Questa è la prova.

36 이 사람은 거짓말을 하고 있어요.
i sa-ram ŭn gŏ-jit-mal ŭl ha-go-i-ssŏ-yo.

Quest'uomo/Questa persona sta mentendo.

37 전혀 거짓말이 아닙니다.
jŏn-hyŏ gŏ-jit-mal i a-nip-ni-da.

Non è affatto una bugia.

38 빨리 범인을 잡아주세요.
bbal-li bŏm-in ŭl jab-a-ju-se-yo.

Per favore, catturi il sospetto al più presto.

39 처벌을 원합니다.
chŏ-bŏl ŭl wŏn-hap-ni-da.

Voglio sporgere denuncia.

40 처벌을 원치 않습니다.
chŏ-bŏl ŭl wŏn-chi an-ssŭp-ni-da.

Non voglio sporgere denuncia.

41 꼭 잡아주세요!
ggok jab-a-ju-se-yo!

Per favore, catturatelo ad ogni costo!

42 저를 폭행하려 했습니다.
jŏ rŭl pok-haeng ha-ryŏ haet-ssŭp-ni-da.

(Lui/lei)Ha cercato di aggredirmi.

43 저의 지갑을 훔치려 했습니다.
jŏ-ŭi ji-gab ŭl hum-chi ryŏ haet-ssŭp-ni-da.

(Lui/lei)Ha cercato di rubarmi il portafoglio.

44 현장에서 잡았어요.
hyŏn-jang e-sŏ jab-a-ssŏ-yo.

L'ho preso sul posto.

45 다 봤어요.
da bwa-ssŏ-yo.

Ho visto tutto.

46 이 사람이/저 사람이 범인입니다.
i sa-ram i / jŏ sa-ram i bŏm-in ip-ni-da.

Questo/Quell'uomo è il criminale.

47 도망갔습니다.
do-mang-gat-ssŭp-ni-da.

(Lui/lei) è scappato.

48 놓쳤어요.
not-chyŏt-ssŏ-yo.

L'abbiamo perso.

49 담당 형사를 배정하겠습니다.
dam-dang hyŏng-sa rŭl bae-jŏng ha-get-ssŭp-ni-da.

Assegneremo un detective al comando.

50 조사가 필요하면 연락드리겠습니다.
jŏ-sa ga pil-yo-ha-myŏn yŏl-lak-dŭ-ri-get-ssŭp-ni-da.

La contatteremo se avremo bisogno di condurre un'indagine

CAPITOLO 19. AMICIZIA

01 힘내!
him nae!

Su con la vita!

02 그런거 때문에 기죽지 마.
gŭ-rŏn gŏ ttae-mun-e gi-juk-ji ma.

Non si senta inferiore per cose del genere.

03 고개 들어.
go-gae dŭl-ŏ.

Tienga la testa alta.

04 기운내.
gi-un nae.

Su con il coraggio. = Si rallegri!

05 누구나 실수 할 수 있어.
nu-gu-na shil-su hal su i-ssŏ.

Tutti possono sbagliare.

06 나였어도 그렇게 했을거야.
na-yŏ-ssŏ do gŭ-rŏt-ke hae-ssŭl-gŏ-ya.

Io avrei fatto lo stesso se fossi in lei.

07 너는 잘못한거 없어.
nŏ nŭn jal-mot-han gŏ ŏp-ssŏ.

Lei non ha fatto niente di sbagliato.

08 그냥 운이 없었다고 생각해.
gŭ-nyang un i ŏp-ssŏt-da-go saeng-gak-hae.

Non è stato il suo giorno fortunato.

09 너는 최선을 다했어.
nŏ nŭn choe-sŏn ŭl da-hae-ssŏ.

Ha fatto (del suo) meglio.

10 다음에는 더 잘 될거야.
da-ŭm-e nŭn dŏ jal doel-gŏ-ya.

Farà meglio la prossima volta.

11 아무도 신경 안써.
a-mu-do shin-gyŏng an-ssŏ.

Non importa a nessuno.

12 걱정하지마.
gŏk-jŏng ha-ji-ma.

Non si preoccupi.

13 긍정적으로 생각해.
gŭng-jŏng-jŏg-ŭ-ro saeng-gak-hae.

Pensi positivo.

14 좋은 기운을 보낸다.
jo-ŭn gi-un ŭl bo-naen-da.

Trasmette buone vibrazioni.

15 너에겐 내가 있잖아.
nŏ-e-gen nae ga it-ja-na.

Sono qui per lei.

16 너를 사랑하는 사람들을 생각해.
nŏ rŭl sa-rang-ha-nŭn sa-ram-dŭl ŭl saeng-gak-hae.

Pensi alle persone che la amano.

17 이건 정말 아무것도 아니야.
i-gŏn jŏng-mal a-mu-gŏt-do a-ni-ya.

Questo non è davvero niente.

18 큰 그림을 봐야지.
kŭn gŭ-rim ŭl bwa-ya-ji.

Deve vedere il quadro generale.

19 아직 기회는 남아있어.
a-jik gi-hoe nŭn nam-a-i-ssŏ.

C'è ancora una possibilità.

20 너의 능력을 과소평가 하지마.
nŏ-ŭi nŭng-nyŏg ŭl gwa-so-pyŏng-ga ha-ji-ma.

Non sottovaluti le sue capacità.

21 너는 네가 생각하는 것보다 대단해.
nŏ nŭn ne ga saeng-gak-ha-nŭn gŏt bo-da dae-dan-hae.
*sebbene 네 dovrebbe essere pronunciato "ne", nella vita reale molti coreani lo pronunciano con "ni".

È migliore di quello che pensa.

22 너는 정말 멋진 녀석이야.
nŏ nŭn jŏng-mal mŏt-jin nyŏ-sŏg i-ya.

È davvero un tipo in gamba.

23 네가 힘들땐 내가 도와줄게.
ne ga him-dŭl ttaen nae ga do-wa-jul-ge.

La aiuterò quando ne avrà bisogno.

24 도움이 필요하면 언제든지 말해.
do-um i pil-yo ha-myŏn ŏn-je-dŭn-ji mal-hae.

Mi dica ogni volta che ha bisogno di aiuto

25 술 한잔 하러 가자!
sul han-jan ha-rŏ ga-ja!

Andiamo a bere qualcosa!

26 그 사람도 후회하고 있을거야.
gŭ sa-ram-do hu-hoe-ha-go i-ssŭl-gŏ-ya.

Anche quella persona se ne starà pentendo.

27 전혀 걱정하지 않아도 돼.
jŏn-hyŏ gŏk-jŏng ha-ji an-a-do doe.

Non deve preoccuparsi affatto.

28 다음에 더 잘하면 되지!
da-ŭm-e dŏ jal-ha-myŏn doe-ji!

Va bene se la prossima volta farà meglio!

29 내일은 내일의 태양이 뜰거야.
nae-il ŭn nae-il ŭi tae-yang i ttŭl-gŏ-ya.

Domani sorgerà un nuovo sole. = Dopotutto, domani è un altro giorno!

30 고민 하지마.
go-min ha-ji ma.

Non si preoccupi.

31 우리 모두 너를 믿어!
u-ri mo-du nŏ rŭl mid-ŏ!

Le crediamo tutti!

32 나는 언제나 너를 믿어!
na nŭn ŏn-je-na nŏ rŭl mid-ŏ!

Io credo sempre in lei

33 옳은 일을 하리라고 믿는다.
ol-ŭn il ŭl ha-ri-ra-go mit-nŭn-da.

Io credo/spero che farà la cosa giusta.

34 유혹에 빠지지 말아라.
yu-hog e bba-ji-ji mal-a-ra.

Non cada in tentazione.

35 친구로써 말하는데,
chin-gu ro-ssŏ mal-ha-nŭn-de.

Glielo dico da amico,

36 내 조언을 잊지마.
nae jo-ŏn ŭl it-ji-ma.

Non dimentichi il mio consiglio.

37 너를 위해서 하는 말이야.
nŏ rŭl wi-hae-sŏ ha-nŭn mal i-ya.

L'ha detto per il suo bene.

38 서운하게 생각하지마.
sŏ-un-ha-ge saeng-gak ha-ji-ma.

Non si senta depresso.

39 좋은 약은 입에 쓴거야.
jo-ŭn yag ŭn i be ssŭn-gŏ-ya.

Una buona medicina può avere un gusto amaro.
= Un consiglio utile può essere sgradevole all'orecchio.

40 같이 노력하자.
ga-chi no-ryŏk ha-ja.

Proviamoci insieme

CAPITOLO 20. INCONTRI / AMORE

01 내일 시간 어때요?
nae-il shi-gan ŏ-ttae-yo?

Quali sono i suoi piani per domani?

02 내일 뭐해요?
nae-il mwŏ-hae-yo?

Cosa farà domani?

03 주말 계획 있어요?
ju-mal gye-hoek i-ssŏ-yo?

Ha dei programmi per il fine settimana?

04 별거 없어요.
byŏl gŏ ŏp-ssŏ-yo.

Non c'è niente di speciale.

05 그러면 우리 데이트 할까요?
gŭ-rŏ-myŏn u-ri   de-i-tŭ hal-gga-yo?

Usciamo insieme, allora?

06 저녁 같이 먹을까요?
jŏ-nyŏk ga-chi mŏg-ŭl-gga-yo?

Ceniamo insieme?

07 제가 맛있는 곳을 알고 있어요.
je ga ma-shit-nŭn go sŭl al-go-i-ssŏ-yo.

Conosco un posto delizioso.

08 맛집을 알아요.
mat-jib ŭl   al-a-yo.

Conosco questo posto famoso.

09 정말 마음에 드실거예요.
jŏng-mal ma-ŭm e dŭ-shil-gŏ-ye-yo.

Le piacerà molto.

10 남자친구/여자친구 있어요?
nam-ja-chin-gu / yŏ-ja-chin-gu i-ssŏ-yo?

Ha un fidanzato/fidanzata?

11 만나는 사람 있어요?
man-na-nŭn sa-ram i-ssŏ-yo?

Esce con qualcuno?

12 아니요, 싱글이에요.
a-ni-yo,   sing-gŭl i-e-yo.

No, sono single.

13 네, 남자친구/여자친구 있어요.
ne, nam-ja-chin-gu / yŏ-ja-chin-gu i-ssŏ-yo.

Sì, ho un fidanzato/fidanzata.

14 저는 이미 결혼했어요.
jŏ nŭn   i-mi   gyŏl-hon-hae-ssŏ-yo.

Sono già sposato/sposata.

15 죄송하지만 제 타입이 아니에요.
joe-song-ha-ji-man je ta-ib i   a-ni-e-yo.

Mi dispiace ma non è il mio tipo.

16 완전히 제 타입이에요.
wan-jŏn-hi je   ta-ib   i-e-yo.

È completamente il mio tipo.

17 첫눈에 반했어요.
chŏt-nun e ban-hae-ssŏ-yo.

Mi sono innamorata a prima vista. / È stato
amore a prima vista.

18 한번 만나보고 싶어요.
han-bŏn man-na-bo-go ship-ŏ-yo.

Mi piacerebbe saperne di più su di lei.

19 우리 사귈까요?
u-ri   sa-gwil-gga-yo?

Uscirebbe con me?

20 제 남자친구/여자친구 할래요?
je   nam-ja-chin-gu / yŏ-ja-chin-gu hal-lae-yo?

Vorrebbe essere il mio ragazzo/ragazza?

21 연락처 알려주실 수 있어요?
yŏl-lak-chŏ al-lyŏ-ju-shil su i-ssŏ-yo?

Può darmi il suo numero?

22 세상에서 가장 예뻐요.
se-sang e-sŏ ga-jang ye-bbŏ-yo.
È la più bella del mondo.

23 정말 잘생겼어요.
jŏng-mal jal-saeng-gyŏ-ssŏ-yo.
È davvero bello.

24 제 이상형이에요.
je i-sang-hyŏng i-e-yo.
È il mio tipo ideale.

25 둘이 정말 잘 어울려요.
dul i jŏng-mal jal ŏ-ul-lyŏ-yo.
Voi due state davvero bene insieme.

26 이제부터 우리 커플이에요.
i-je bu-tŏ u-ri kŏ-pŭl i-e-yo.
D'ora in poi, siamo una coppia.

27 손 잡아도 될까요?
son jab-a-do doel-gga-yo?
Posso tenerle la mano?

28 더치페이 해요.
dŏ-chi-pe-i hae-yo.
Facciamo alla romana.

29 아니에요, 제가 살게요.
a-ni-e-yo, je ga sal-gge-yo.
No, offro io. = No, pago io il conto.

30 이건 제 마음이에요.
i-gŏn je ma-ŭm i-e-yo.
Questo proviene dal mio cuore.

31 선물이 마음에 들지 모르겠네요.
sŏn-mul i ma-ŭm e dŭl-ji mo-rŭ-get-ne-yo.
Non so se gradirà il regalo.

32 아니 뭘 이런걸 다!
a-ni mwŏl i-rŏn-gŏl da!
Oh no, cosa sono tutti questi!

33 정말 이러지 않으셔도 괜찮은데.
jŏng-mal i-rŏ-ji an-ŭ-shŏ-do gwen-chan-ŭn-de.
Non avrebbe dovuto farlo.

34 마음이 중요하죠.
ma-ŭm i jung-yo-ha-jyo.
È il pensiero che conta.

35 마음만으로 충분해요.
ma-ŭm man-ŭ-ro chung-bun-hae-yo.
Apprezzo il pensiero.

36 감사히 받을게요.
gam-sa-hi bad-ŭl-gge-yo.

Lo accetterò con piacere.
= È stato ricevuto con gratitudine.

37 오늘이 우리 기념일이에요.
o-nŭl i u-ri gi-nyŏm il-i-e-yo.

Oggi è il nostro anniversario.

38 무슨 기념일이요?
mu-sŭn gi-nyŏm-il i-yo?

Che anniversario è?

39 만난지 100일 되었어요.
man-nan-ji baeg il doe-ŏ-ssŏ-yo.

Sono passati 100 giorni da quando ci siamo incontrati.

40 우리의 만남을 기념하며!
u-ri-ŭi man-nam ŭl gi-nyŏm-ha-myŏ!

Per festeggiare/comemorare il nostro incontro (= relazione)!

41 당신은 저의 첫사랑이에요.
dang-shin ŭn jŏ-ŭi chŏt-sa-rang i-e-yo.

Lei è il mio primo amore.

42 사랑해요.
sa-rang-hae-yo.

La amo.

43 저도 사랑해요.
jŏ-do sa-rang-hae-yo.

L'amo anch'io.

44 제가 훨씬 더 많이 사랑해요.
je ga hwŏl-sshin dŏ man-i sa-rang-hae-yo.

L'amo di più.

45 집에까지 데려다 줄게요.
jib-e gga-ji de-ryŏ-da jul-gge-yo.

La riporto a casa sua.

46 보고 있어도 보고 싶어요.
bo-go i-ssŏ-do bo-go ship-ŏ-yo.

Più la vedo e più mi manca.

47 같이 있고 싶어요.
ga-chi it-go ship-ŏ-yo.

Voglio stare insieme a lei.

48 함께 있으면 행복해요.
ham-ggae i-ssŭ-myŏn haeng-bok-hae-yo.

Sono felice quando sono con lei.

49 당신은 저에게 큰 의미입니다.
dang-shin ŭn jŏ-e-ge kŭn ŭi-mi ip-ni-da.

Lei significa molto per me.

50 제 인생에 와주셔서 감사해요.
je in-saeng e wa-ju-shŏ-sŏ gam-sa-hae-yo.

Grazie per essere entrato nella mia vita.

51 우리 사랑 영원히!
u-ri sa-rang yŏng-wŏn-hi!

Il nostro amore è per sempre!

52 이 순간이 영원했으면 좋겠어요.
i sun-gan i yŏng-wŏn-hae-ssŭ-myŏn jo-ke-ssŏ-yo.

Vorrei che questo momento potesse durare per sempre.

53 저희 사진 좀 찍어주시겠어요?
jŏ-hi sa-jin jom jjig-ŏ-ju-shi-get-ssŏ-yo?

Potrebbe farci una foto, per favore?

54 우리 셀카찍어요!
u-ri sel-ca jjig-ŏ-yo!

Dovremmo scattarci una foto!

55 좋은 꿈 꿔요.
jo-ŭn ggum ggwŏ-yo.

Fate un dolce sogno.

56 잘 자요, 내 사랑!
jal ja-yo, nae sa-rang!

Dorma bene, amore mio!

57 우리는 잘 어울리지 않는 것 같아요.
u-ri nŭn jal ŏ-ul-li-ji an-nŭn gŏt gat-a-yo.

Non credo che siamo una bella coppia.

58 우리는 너무 다른 것 같아요.
u-ri nŭn nŏ-mu da-rŭn gŏt gat-a-yo.

Penso che siamo troppo diversi.

59 그만 만나는게 좋을 것 같아요.
gŭ-man man-na-nŭn-ge jo-ŭl gŏt gat-a-yo.

Penso che sarebbe meglio se smettessimo di vederci.

60 앞으론 연락하지 말아요.
ap-ŭ-ron yŏl-lak ha-ji mal-a-yo.

La prego, d'ora in poi smetta di chiamarmi.

61 서로에게 짐이 되는 것 같아요.
sŏ-ro e-ge jim i doe-nŭn gŏt gat-a-yo.

Penso che siamo un peso l'uno per l'altro.

62 예전 같지 않아요.
ye-jŏn gat-ji a-na-yo.

Non è più come prima.

63 더 좋은 사람 만나길 바래요.
dŏ jo-ŭn sa-ram man-na-gil ba-raɛ-yo.

Spero che incontri qualcuno di meglio

CAPITOLO 21. FAMIGLIA

01 저희 가족을 소개합니다.
jŏ-hi   ga-jog ŭl so-gae-hap-ni-da.

Lascia che le presenti la mia famiglia.

02 저희 부모님이세요.
jŏ-hi   bu-mo-nim i-se-yo.

(Questi) sono i miei genitori.

03 많이 닮았죠?
man-i dal-mat-jyo?

Ci somigliamo molto, vero?

04 정말 똑같아요.
jŏng-mal ttok-gat-a-yo.

Veramente uguali.

05 아빠와/엄마와 판박이네요.
a-bba wa / ŏm-ma wa pan-bag-i ne-yo.

Lei è esattamente uguale a suo padre e sua madre.

06 행복해 보이는 가족이에요.
haeng-bok-hae bo-i-nŭn ga-jog i-e-yo.

Questa è una famiglia felice.

07 모두 사이 좋아보여요.
mo-du   sa-i jo-a-bo-yŏ-yo.

Sembra che tutti vadano d'accordo tra loro.

08 저희 형/누나입니다.
jŏ-hi   hyŏng / nu-na ip-ni-da.

Questo è mio fratello maggiore/sorella maggiore.

09 몇살 차이인가요?
myŏt sal cha-i in-ga-yo?

Qual è la differenza di età?
= Quanti anni di differenza avete?

10 형이 저보다 세살 많아요.
hyŏng i jŏ bo-da se sal man-a-yo.

Mio fratello ha tre anni più di me.

11 부모님이 많이 엄하세요.
bu-mo-nim i man-i ŏm-ha-se-yo.

I miei genitori sono molto severi.

12 대가족이죠.
dae-ga-jog i-jyo.

È una grande famiglia.

13 저는 외동이에요.
jŏ nŭn oe-dong i-e-yo.

Io sono figlio unico.

14 사랑을 많이 받고 자랐어요.
sa-rang ŭl man-i bat-go ja-ra-ssŏ-yo.

Ho ricevuto molto amore crescendo.

15 별로 안 닮았어요.
byŏl-lo an dal-ma-ssŏ-yo.

Non ci assomigliamo molto.

16 누가 동생인지 맞춰보세요.
nu-ga dong-saeng in-ji mat-chwŏ-bo-se-yo.

Indovina chi è il fratello minore?
= Indovina chi è più giovane.

17 얘기 많이 들었어요.
yae-gi man-i dŭl-ŏ-ssŏ-yo.

Ho sentito molte storie.
= Ho sentito molto parlare di te.

18 정말 사랑스러운 가족이네요.
jŏng-mal sa-rang-sŭ-rŏ-un ga-jog i-ne-yo.

È davvero una bella famiglia.

19 화목해 보입니다.
hwa-mok-hae bo-ip-ni-da.

Sembra armoniosa.

20 형제들 사이 좋아보여요.
hyŏng-je-dŭl sa-i jo-a-bo-yŏ-yo.

I suoi fratelli sembrano andare d'accordo.

21 부모님께서는 이혼하셨어요.
bu-mo-nim gge-sŏ-nŭn i-hon ha-shŏ-ssŏ-yo.

I miei genitori si sono separati/divorziati.

22 아버지는/어머니는 재혼하셨어요.
a-bŏ-ji nŭn / ŏ-mŏ-ni nŭn jae-hon ha-shŏ-ssŏ-yo.

Mio padre/mia madre si è risposato/risposata.

23 저는 입양되었어요.
jŏ nŭn ib-yang doe-ŏ-ssŏ-yo.

Io sono stato adottato.

24 자주 다퉈요.
ja-ju da-twŏ-yo.
Litighiamo spesso.

25 뭐니뭐니해도 집이 최고죠.
mwŏ-ni-mwŏ-ni-hae-do jib i choe-go-jyo.
Non c'è nessun posto come casa.

26 엄마가/아빠가 보고싶어요.
ŏm-ma ga / a-bba ga bo-go-ship-ŏ-yo.
Mi manca (la mia) mamma/(il mio) papà.

27 부모님께서는 개방적이세요.
bu-mo-nim gge-sŏ-nŭn gae-bang-jŏg i-se-yo.
I miei genitori sono di mentalità aperta.

28 가족 전통이 있나요?
ga-jok jŏn-tong i   it-na-yo?
Ha una tradizione di famiglia?

29 명절동안 제사를 지냅니다.
myŏng-jŏl dong-an je-sa rŭl ji-naep-ni-da.
Serviamo jesa durante le vacanze.

30 제사가 뭐죠?
je-sa ga   mwŏ-jyo?
Che cos'è il jesa?

31 돌아가신 조상님들께
인사를 드려요.
dol-a-ga-shin jo-sang-nim-dŭl gge
in-sa rŭl dŭ-ryŏ-yo.
Rendiamo omaggio ai nostri antenati che sono morti.

32 정말 훌륭한 전통이네요.
jŏng-mal hul-lyung-han jŏn-tong i-ne-yo.
È davvero una grande tradizione.

33 저도 참여해보고 싶어요.
jŏ do cham-yŏ hae-bo-go ship-ŏ-yo.
Voglio provare a partecipare anch'io.

PARLIAMO COREANO CON TRACCE AUDIO

Impara oltre 1.400 Espressioni Coreane da 21 Argomenti Velocemente e Facilmente

ISBN 979-11-88195-58-9

FANDOM MEDIA

www.newampersand.com
14 13 12 11 10 / 10 9 8 7 6 5 4 3 2 1